有效辩护之道

我为大案辩护

中国民主法制出版社

图书在版编目（CIP）数据

有效辩护之道：我为大案辩护／王发旭主编；霍

青城副主编 . —北京：中国民主法制出版社，2024. 3

ISBN 978-7-5162-3577-5

Ⅰ．①有… Ⅱ．①王… ②霍… Ⅲ．①无罪推定—辩

护—案例—中国 Ⅳ．①D925.018.24

中国国家版本馆 CIP 数据核字（2024）第 069240 号

图书出品人：刘海涛

责 任 编 辑：逯卫光

书名／有效辩护之道——我为大案辩护
作者／王发旭 主 编
　　　霍青城 副主编

出版·发行/中国民主法制出版社
地址/北京市丰台区右安门外玉林里 7 号（100069）
电话／（010）63055259（总编室）　63058068　63057714（营销中心）
传真／（010）63055259
http：// www. npcpub. com
E-mail：mzfz@ npcpub. com
经销／新华书店
开本/16 开　710 毫米×1000 毫米
印张/14　字数/191 千字
版本/2025 年 5 月第 1 版　2025 年 5 月第 1 次印刷
印刷/河北松源印刷有限公司

书号/ISBN 978-7-5162-3577-5
定价/72.00 元

◎ 王发旭

吉林大学法学学士，中国政法大学法学博士，北京市京师律师事务所高级合伙人、刑事法律事务部主任，京师（全国）刑事专业委员会名誉主任、首席律师，北京大学法学院法律硕士兼职导师，中国政法大学证据科学研究院硕士导师，北京师范大学中国企业家刑事风险防控（北京）中心核心成员，中央民族大学企业家保护研究中心研究员，最高人民法院国家责任研究基地研究员，北京市律协刑法专业委员会副秘书长。

13 年刑事法官，22 年刑辩执业律师。自执业以来，承办重大刑事案件500 余件，擅长刑事辩护。不追求案件办理数量，只追求案件办理质量。不仅运用法律娴熟，而且能够准确把握国家刑事政策方向及司法改革脉搏，擅长整体筹划案件，轻罪和无罪的成功辩护案件比例极高。对涉黑涉恶等有组织犯罪、职务犯罪、经济犯罪辩护有深入的研究。

⊙ **霍青城**

霍青城，本名刘佳佳，厦门大学经济学硕士学位，前资深媒体人，曾供职于凤凰网、《新京报》、娱乐资本论、新浪、《法治日报》等媒体，其娱乐调查报道曾登上微博热搜十余次，代表作《娱乐圈税务大地震》，以及《中国有嘻哈音乐总监刘洲的资本骗局》《刘洲被捕获刑4年半》系列，《张若昀涉1.4亿债务纠纷》《张若昀父亲起诉张若昀》系列，《李小龙女儿起诉真功夫》等报道。

现为北京市京师律师事务所"90后"青年律师、王发旭律师助理，与王发旭律师合作著书，为本书执笔者，执业领域主攻职务犯罪、经济犯罪等刑事案件的辩护、申诉、控告等。

　　时光不居，自法官改行转做律师，已逾二十二载，这些年，我始终将全部精力倾注于刑事案件。我热爱律师这份职业，因为它让我能够说真话，能够言由衷发，直言不讳，直面不公，成为捍卫公平正义的最后一道防线。在这条路上，我以法律为剑，以事实为盾，为保障我的当事人合法权益尽心尽责，取得一线生机。

　　近年来，刑辩律师要做到良好的辩护，难度日益增大。经济犯罪新颖化、职务犯罪中律师的取证困难、新型网络犯罪的技术化，以及涉及海量电子证据犯罪质证难，都使得成为一名有责任、有担当的刑事辩护律师愈加艰难。刑事辩护领域一日千里，想取得最佳辩护效果，不仅仅要求刑辩律师具备深厚的法律功底和娴熟的法律技术，更要把握司法人员的心理，做较真的辩护、庭外辩护、综合辩护、有效辩护，殚精竭虑，才可能最大限度地维护当事人的合法权益。

　　我选择委托辩护的案件，首先对委托人比较挑剔，若委托人太注重关系，缺乏捍卫权利的决心，我拒绝接受委托；其次对当事人的态度很关注，如果当事人态度消极，缺乏对抗诉讼的信心，没有维权到底的决心，甚至有违心放弃的思想，我亦不接受委托；对案件事实清楚，法律适用没有争议，辩护空间不大的案件，我同样不予接受。

　　我辩护案件向来不拘一格，对症下药，往往取得不错的辩护效果，我从近年亲自辩护的实践中挑选了10个典型案例。这些案例，多数取得了相对公平的判决，有的揭露了司法存在的严重问题，有的为停止运动后翻案留下了证据。通过这10个案例整理成书的过程，我深知，只有真正保障律师的权益，才能保障每个公民得到有效辩护。

在刑事辩护工作中，我均对团队的律师提出了极高的要求。面对重重困难，我们辩护团队律师坚守底线，凭借扎实的专业知识和丰富的实践经验，为当事人提供高质量的辩护服务，反对团队律师一切勾兑，反对团队律师卑躬屈膝，维护了法律的尊严，维护了律师的尊严。辩护律师团队深入研究案件细节，精准把握法律要点，敢于抗争，成功为当事人争取到了公正的判决，有效维护了市场经济秩序和当事人的合法财产权益。

在"远洋捕捞"案件的辩护中，我首次提出"有权机关通过案件取得的财产"必须上缴国库，不能与办案单位及所在地政府利益挂钩的观点；在涉及"扫黑除恶"司法机关拒绝启动非法证据排除程序的案件辩护中，我首次提出控告司法机关违法办案及控告侦查人员刑讯逼供的"进攻型辩护"的观点；在涉及辩护律师不配合司法机关劝说当事人认罪认罚，审判机关多次安排开庭，辩护律师购买了机票甚至到达法院被临时通知取消庭审，故意折腾辩护律师的行为，我首次尝试主张民事起诉行为向法院索要差旅费；这些观点和主张，都得到律师界同仁的赞同和推广。

展望未来，我对刑事辩护仍信心百倍。对于那些社会不公的现象终将是暂时的，违背历史潮流的行为必将随着社会的发展和时代的进步而改变。随着 AI 时代的到来，刑事辩护律师的一些辅助工作会被 AI 取代，但是中国的刑事案件，无法从卷宗里看到的事实和行为往往更重要，律师的主要的工作、策略性的工作无法被 AI 替代，刑辩大律师的工作不会被替代。

据悉，家乡信访部门正在受理各类上访事项，访民大多数是涉诉多年申诉无果的人员，这里面包括有前法官、前警察、前民营企业家等，相对之下，我在本书中选择的 10 个案例的当事人无疑是幸运的。这也说明，刑事案件选择有担当、有技术的辩护律师至关重要，一旦错过诉讼程序内的有效辩护，形成冤假错案，如若改判则难于上青天。

我深知，刑事辩护这条路充满荆棘，但我依然选择坚守。因为我相信，唯有律师的直言不讳，唯有律师的据理力争，才能让那些被不法权力遮蔽的真相重见天日，才能让那些被损害的权益重新回归。

　　这条路，虽难，但值得！即便前路艰险，我依然以笔为刀，以法为盾，与不公抗争到底。因为法治的"微光"，需要靠广大律师的坚守和努力，一点一点照亮未来。

　　这条路，我走定了！让我们努力从个案有效辩护开始，携手共进，砥砺前行，为完善推进法治社会建设而不懈奋斗！

王发旭

2025 年 3 月 2 日

　　我和王发旭律师已认识多年，我对他比较了解。王律师供职的北京市京师律师事务所作为全国最大的律师事务所之一，不仅在民事诉讼、行政诉讼、非诉讼法律事务方面表现突出，在刑事辩护，包括冤案申诉平反方面也取得了突出的成就。我多次受北京市京师律师事务所之邀，参加其举办的研讨会、疑难案件论证等活动，因而与北京市京师律师事务所的许多律师，包括王发旭律师非常熟悉。另外，按照国家有关部门的要求，高校对法律硕士的培养应当采用"双导师制"，即每个学生都必须配备一名校内导师，一名校外法律实践部门的兼职导师。鉴于王发旭律师在刑事辩护方面取得的杰出成就，北京大学法学院学位委员会经讨论，并报学校主管部门审核批准，决定聘请王发旭律师担任北京大学法学院法律硕士（非法本）兼职导师。由于我是北大法学院法律硕士（非法本）诉讼法方向的负责人，负责法律硕士（非法本）诉讼法方向的日产管理工作，包括邀请校外兼职导师参与法律硕士（非法本）的教学、培养工作，因而与王律师有了更多的接触。

　　王发旭律师不仅在刑事辩护方面取得了令人瞩目的成就，对从事法学研究，尤其是刑事辩护的研究也有着浓厚的兴趣。他曾两次在到北大参加法律硕士的指导活动时带来新近出版的著作，送给北大法律硕士（非法本）诉讼法方向的老师、同学，并请我代为向北大图书馆以及法学院图书馆捐赠。一本是《有效辩护之道：王发旭律师无罪辩护策略案例选》（法律出版社2015年版），另一本是《"扫黑除恶"司法观点与辩护要点》（法律出版社2019年版）。因而，我对他更加了解。前段时间，王律师给我发来微信，请我给他即将出版的著作《有效辩护之道——我为大案辩护》作序。能为自己优秀的朋友的著作作序，当然是令人高兴的事情，于是我欣然应允。收到王律师发过来的书稿后，我进行了认真拜读。经研读，我发现王律师不愧为刑辩大家，他在刑事辩护方面所取得的耀眼成绩，他对中国刑事司法实践的深刻洞察，以及基于这一点对刑事辩护技巧的灵活运用；他对正义的执着追求，以及因此对犯罪嫌疑人、被告人正当权益的坚定维护都令人印象深刻。

首先是王律师在刑事辩护方面取得的耀眼成绩。在域外国家，法官与警察、检察官在刑事诉讼中承担着不同的诉讼职责：警察、检察官承担控诉职责，侧重追求证明犯罪嫌疑人、被告人有罪、罪重，而法官不承担打击犯罪的职责，其职责仅在于中立裁判：控方提供的证据能够证明被告人有罪的就判决有罪；不能证明被告人有罪的就判决无罪。正因为如此，在域外国家，检察机关提起公诉的案件有百分之一二十，甚至百分之二三十最终被法院判决无罪。但在我国，法官与警察、检察官一样，也被要求承担打击犯罪、维护社会稳定的职责，因而对检察官提起公诉的案件，法院很少判决无罪。然而，王律师自担任律师以来，已获得十多起无罪判决。仅本书介绍的 10 起案件中，就有 2 起最终获得无罪的处理。河南永城齐某涉嫌诈骗案一审法院就作出了无罪判决，二审检察机关撤回抗诉。江苏南京蒋某涉嫌对非国家工作人员行贿罪在侦查阶段就被撤销案件。如此辉煌的辩护业绩充分展现了王律师卓越的刑事辩护能力。

其次是王律师对中国刑事司法实践的深刻洞察，以及建立在这一点的基础上对刑事辩护技巧的灵活运用。在我国，尽管宪法和刑事诉讼法等法律都明确规定，检察机关、法院应当依法独立行使检察权、审判权，不受行政机关、社会团体和个人的干涉；2015 年 3 月 18 日，中共中央办公厅、国务院办公厅联合发布的《领导干部干预司法活动、插手具体案件处理的记录、通报和责任追究规定》明确要求，要防止领导干部干预司法活动、插手具体案件处理，确保司法机关依法独立公正行使职权，然而，实践中，有的地方党政机关及其工作人员非法干预公安司法机关依法办案的现象依然比较严重。在办案人员受到了地方党政机关及其工作人员的非法干预时，辩护律师就不能仅仅采用刑事诉讼法所规定的常规手段进行辩护，而必须采取一些"超常"手段有效辩护，才能有效制止个别地方党政机关及其工作人员的非法干预，从而使办案机关能够依法办案，确保案件最终得到公正处理。王律师对这一点有深刻的洞察，在多起受到地方党政机关及其工作人员不当干预的案件中，王律师灵活作了有效辩护，有效排除了个别地方党政部门及其工作人员的不当干预，从而使案件得到公正处理。

再次是王律师对正义的执着追求，以及因此甘冒职业风险，坚定维护犯罪嫌疑人、被告人正当权利的勇气。与民事诉讼中被告面对的是与其地位平等的作为公民个人的原告不同，在刑事诉讼中，犯罪嫌疑人、被告人及其辩护律师面对的是代表国家公权力的警察、检察机关。因此，辩护律师与警察、检察机关进行诉讼是需要非凡的职业勇气，甚至牺牲精神的。王律师就是这样一位具有"较真"精神，有勇气、有强烈职业责任感的优秀律师。譬如，在河南省某市副市长黄某涉嫌受贿案中，王律师对检察机关讯问同步录音录像据理力争，最终推动一审法院顶着巨大压力启动排非程序，并全盘认可了王律师的排非要求。黄某在检察机关侦查阶段受胁迫交代的受贿数额全部被否定，法院最终认定的受贿数额不到检察机关起诉的一半，黄某仅被判处有期徒刑4年。而如果没有王律师对讯问同步录音录像的据理力争，没有启动排非程序并成功排非，法院认定的受贿数额将在300万元以上，黄某将被判处10年以上有期徒刑刑罚。可以说，王律师要求启动排非程序并成功排除非法证据，对保护犯罪嫌疑人、被告人的权利发挥了至关重要的作用。

兔年正款款离去，龙年呼啸而来。期待王律师在刑事辩护方面龙腾虎跃，取得更大的成功！

陈永生

2024 年 1 月 11 日于北大陈明楼

目 录

第二部分　法律适用指引

第一部分

法案结合，案件代理

第一章　姚某盗窃古墓案

——盗墓"祖师爷"被抓获

姚某案，确为我国第一文物大案，其后利益纠纷、力量博弈纷繁复杂，我是在一审开庭前一周突然临危受命，成为他的辩护律师。

2017年7月，辽宁省高院二审维持了姚某一审判决，并核准了姚某的死缓（死刑缓期两年执行）判决。服刑2年后，姚某已从死缓减成了无期徒刑。

姚某案从侦查到审判，办案机关只对少数几家媒体的采访作出了回应。对于姚某案，大众所获信息有限，舆论讨论也只停留在神话他这一层，有很多人认为他已经被执行了死刑。由于媒体报道很大程度上的缺位，除了我们这些参与过案件的人，外界几乎没人知道，姚某被判死缓，不是因为盗墓，而是因为一个从天而降的"抢劫罪"。

有人用盗墓的文物开了家博物馆！

用赃物开博物馆，这事说来比较黑色幽默，如果不是真事，我都不敢信。

2012年，38岁的天津古董商张某，投巨资在天津市津南区小站练兵园旁建立了一家博物馆——天津健业红山文化博物馆。这个博物馆展览的文物以红山文化时期出土的玉器为主。

彼时，红山文化还未进行申遗，国家尚未重视，张某可以说是民间收藏红山文物的第一人。他还因此出了本书叫《梦回红山　天津健业红山文化博物馆藏品赏析》，书是2014年6月出版的。这家博物馆现在仍然是天津市的一个著名地标。

这里需要对红山文化有个大概介绍，姚某盗的墓就是红山时期的墓。

红山文化，起始于五六千年前的新石器时代。因红山文化遗址主要发掘于内蒙古赤峰市，根据"赤峰"的字面含义，红山文化得名由此而来。1970 年后，内蒙古赤峰市和辽宁省朝阳市展开了大规模的考古调查，两市发现了近千处遗址，由此红山文化的研究进入一个新的阶段。但是直到 2014 年，赤峰市与朝阳市才共同签署备忘录，宣布对红山文化进行申遗。此后，红山文物的盗掘、流通，从原本的灰色地带，进入了政府严加管控的黑色地带。

张某在博物馆里陈列的红山文物，主要从各盗墓团伙手中收购而来，其中就包括姚某。国家管控后，张某的这个红山文化博物馆，可谓将盗墓与博物馆之间的联系暴露无遗。

以张某的博物馆为线索，加上来自盗墓团伙内部成员的举报，公安机关对几个盗墓核心人物迅速展开部署。

盗墓"祖师爷"被抓获

2014 年 11 月 26 日，辽宁省朝阳市公安局在公安部督办下，成立了"11·26"专案组。11 月 26 日凌晨，姚某被抓获。此后，朝阳市公安机关又迅速抓获了姚某的十几个同伙。

根据公安部披露，以姚某团伙为线索，公安机关共打掉了盗掘犯罪团伙 12 个（姚某团伙是其中一个），控制犯罪嫌疑人 225 名，追回文物 2063 件，价值逾 5 亿元，因此姚某案被称为我国涉文物第一大案。

当时，52 岁的姚某是这起大案的头号主犯，被打掉的 12 个犯罪团伙中，至少有 9 个和他有联系。大部分盗墓团伙的头目，以前都在他手下干过活，因此姚某被吹捧为盗墓"祖师爷"。

姚某心思缜密，内心强大。听说，他曾在公安机关的一次抓捕中，宁可跳崖也不愿被抓。跳崖摔坏了腰，他就专门出去惹事找人打了一架，见人就说腰是打架打伤的。姚某被抓当天，还在山上踩点。

姚某被抓后，曾向公安机关交代，他是 6000 年前挖墓人的转世，他盗墓是为了让红山文化重见天日。转世的说法自然没人信，但姚某和红山文化的关联确实很紧密，所谓占尽天时、地利、人和。

姚某于 1962 年出生于赤峰市宁城县新房村，在姚某成长的岁月里，红山文化的研究在赤峰如火如荼。在姚某的那个村，一场暴雨的冲刷，村民上山就能捡到陶片、石器，运气好还能捡到玉器。那会儿，这些几千年前的东西没人当回事，时常被贱卖。

媒体"每日人物"对村民和挖出来的文物有一段描述，十分生动：

"早年村民们意识不到古董的珍贵。40 多年前，村里人在地里挖到一个白色的碗，平常看起来普通，但倒水进去，碗底会浮现出一条红色的鱼，后来失手把碗摔了；还有人用捡到的玉器换两袋米面，心里还觉得赚了；堆砌墓地的青色砖石，肯定没法盖房子，村民们就把这几千年前的砖拿回来盖茅房……"

后来，随着红山文化越来越火，当地村民卖出的文物也越来越贵，少年姚某脑子转得飞快，那时候他就想到了盗墓。

姚某的原生家庭只是普通的农民家庭，并不是外界盛传的什么盗墓世家。姚某本人喜静，不怎么干农活，虽然读书只读到了小学，但是受当地文物研究氛围的影响，他非常爱琢磨《周易》。

姚某也非常乐意别人神话他、崇拜他，他喜欢将自己神秘化。所以被抓后，他便对公安机关说出自己是 6000 多年前挖墓人的转世，以及在庭审上说出知道秦始皇陵墓入口这样的狂言。

第一次会见："你别跟我谈律师费"

2015 年 12 月的某一天，在姚某案一审开庭前一周，已经接受委托的本所毕宝胜律师匆匆忙忙找到我，说当事人家属邀请我共同担任第一辩护人。至于当事人家属因为谁的介绍临时找到我，这是个谜。这时，姚某在辽宁省朝阳市看守所已经被羁押了一年。

第一次会见，我一进会见室的门，姚某就一直盯着我看，他全程没有一句话，就一直在观察你。等我坐下，他对我说的第一句话就是："你也别跟我谈什么律师费，别人想见我还见不到呢。等我出去，我的那些东西随便给你一件，够你吃一辈子。"

我心想，你给我东西我敢要吗？别说被追缴，还会涉及犯罪。我看他那态度，心气也就上来了，我就直接对他说："你这还把自己当回事呢，都成阶下囚了！别人想见我也不一定能见到啊！"

姚某本人 1.7 米左右，肩宽，强壮，坐姿板正，脸上表情很少，眼神沉稳，总是在观察别人和身边环境。

气定神闲，一夫当关万夫莫开，他这一看就是当惯老大的人，霸道外显。

当时我对姚某的过往已经有些了解，比如指挥挖墓的时候，手下人只能听命往下挖，挖到什么程度他说了算，不许质疑。挖到的东西，怎么分、分多少也是他说了算，没有讨价还价的空间。某一次盗墓，手下人跟他多要一笔买烟的钱，他不高兴，一恼怒就把挖上来的玉器摔碎了，宁愿摔碎也不给任何人。

尽管现在已经是阶下囚，但姚某这样的人，仍然还会认为自己是剧本里的主角，对法律是不屑一顾的，对律师也是轻视的。你想让他好好配合，你得比他更强势。

我就直接问他："你觉得自己这次会不会死？"

从天而降的"抢劫罪"

某市检察院起诉姚某共三项罪名：盗掘古文化遗址、古墓葬罪，倒卖文物罪和抢劫罪。

这个抢劫罪非常扎眼，姚某被判死缓，就是因为这个抢劫罪。

案卷里说，姚某在北京指使了王某一伙人，到某省某市抢劫了同为盗墓贼的冯某。冯某曾是姚某的同伙之一，在这次大案中，冯某是被打掉的盗墓二号团伙的核心成员。姚某"分针定穴"的盗墓本领被传得神乎其神，这其中有不少冯某的功劳。

姚某案的卷宗有 20 多本，抢劫罪的材料就占了一大半，公诉机关的意图很明显，要把抢劫罪做实。

材料多是因为王某一伙人的多次口供。从头到尾，只有王某一人死咬姚某，说是姚某伙同他策划抢劫冯某。

另外 4 人，每次讯问笔录都不一样，问到关键处，如有没有在现场亲耳听到姚某和王某策划抢劫？冯某的信息是谁给你们的？实施抢劫的时候，是不是听从姚某的指令？抢劫用的工具是谁买的？是不是姚某亲自带着你们去踩点的？抢到的东西交给了谁？

这些关键问题，另外 4 人，靠前的几次笔录说法都有出入，不仅自我矛盾，还与他人的口供矛盾。就"有没有在现场听到姚某策划抢劫"这个问题，谁在宾馆内直接听到，谁在宾馆外听人转述，说法都不一样。

对于这些关键问题的回答，这 4 人用词都是模棱两可，用的都是"可能是""应该是""我记不清楚了"之类。但是他们的回答都有个共同点，就是关于是不是姚某在策划、买工具、踩点、销赃，他们都是听王某说"是老姚"。到了靠后的笔录，4 人均确定地指认了姚某。

姚某确实去过北京的宾馆见过王某。

实施抢劫的王某一伙人中，与姚某直接接触的只有王某一人，王某一直死咬姚某。王某对公安机关交代，是姚某伙同他策划抢劫冯某，姚某还发给过他冯某的照片和住址信息。但是姚某给王某发的冯某信息，王某硬说丢失了，手机里找不到了。这么关键的实物证据都没有，姚某直接被王某一伙人的口供认定成了抢劫罪，而且还是组织、策划者。

看了卷宗我才知道，这个抢劫罪是一定要让姚某承担的，因为抢劫可以判死刑，而"有可能判死刑"会让被告人很焦虑。

姚某盗墓几十年，嗜赌成性，在境内外赌场上，一晚上输掉上千万元是常有的事，可想而知，他这些年积累的身家有多厚。但是他被抓后，账户里一分钱都没有，他市区的别墅和农村老家都被搜过，几乎没搜到东西。法院最后认定姚某在 2012 年至 2014 年间，盗掘古文化遗址和古墓葬共 27 次，认定他盗取的文物却只有 2 件。

检察院指控了姚某三项罪名，没有给出量刑建议，我阅卷的判断就是，姚某最后会被判死缓。因为盗墓最高判无期徒刑，而判死缓的目的，其实是为了让姚某交出盗取的文物。

在看守所里，我跟姚某说了死缓的判断，姚某收起了那一副看不起人的表情，整个人也软下来了，松了口气，开始叫我王律师。

"我的发现让中华文明史提前了 1000 多年"，姚某至死不认罪

姚某一案，跟他有直接关联的犯罪嫌疑人有 23 人，与姚某同一批被起诉的有 12 人，无罪辩护的有姚某和另一人。其他人要么认罪认罚，要么就是罪轻辩护。

姚某非常强硬，对于检察院指控的三项罪名，他一个不认。唯一的一次有罪供述是对一次盗墓的供述，但姚某说他受到了刑讯逼供，也让我看了他头上那 7cm 长的伤口，后来这份有罪供述当庭就被当非法证据排除了。

辩护律师的辩护权来自当事人的委托，当事人自己不认罪，那么你也只能给他做无罪辩护。

对于检察院指控的盗掘古文化遗址、古墓葬罪，鉴定机构是辽宁省文物保护中心。当时这个机构并未注册，我们认为该机构不具有鉴定资格，其作为证据的鉴定意见也未按规定向姚某告知，存在程序违法，应当依法排除，但法院并未采信。

庭审上，姚某对鉴定意见不屑一顾，认为没人有资格鉴定他。他直接说，没人比他更了解红山文化。"是我对牛河梁遗址的发现，让中华文明史提前了 1000 多年！"

红山文化之所以得到国家层面的重视，并进行申遗，确实是因为以姚某为首的盗墓团伙的出现。

对检察院指控的倒卖文物罪，姚某也不认，他认为自己只是把文物抵押出去，没有贩卖目的，以后还会赎回，不属于倒卖文物。我们的辩护方向同样如此，但依旧没被法院采信。

最让姚某持异议的是抢劫罪。"我一晚上输几千万元都没什么感觉，会为了几十万元的东西去抢劫？"姚某愤愤不平。

姚某犯抢劫罪，法院认定他劫取的财物有：二级文物 2 件、三级文物 1 件、一般文物 1 件。

2024 年初，王发旭律师在南开大学法学院做讲座：《谈刑事律师调查取证》

最高人民法院曾发布指导案例，抢劫国家一级文物判处 15 年有期徒刑。就算姚某抢劫为真，判决死缓，也属于量刑畸重，让人无法信服。同案犯王某等人，都得到了较轻的判决，只能说这其中另有蹊跷。

本案中，姚某因盗掘古文化遗址、古墓葬罪，被判无期徒刑；因抢劫罪，被判死缓；因倒卖文物罪，被判有期徒刑 10 年。最终决定执行死缓。

姚某上诉后，根据当年的《中华人民共和国刑事诉讼法》相关司法解释，死缓上诉可以不开庭审理（根据新法，现在死缓上诉必须开庭），可以直接看材料书面审。辽宁省高院决定不开庭审理，最后维持了一审判决。

得知二审不开庭，我就退出了姚某的辩护事项，结局已定，没有空间。

辽宁省高院二审判决生效后，毕宝胜律师找到了新的证据，能证明王某承认当时是被办案机关挑拨指认姚某是抢劫罪主谋，其他 4 人是在他安排下最后翻供指认的姚某。

姚某后又向辽宁省高院进行了申诉，2018 年 8 月，辽宁省高院驳回了姚某的申诉申请。

第二章 河南齐某高利贷"民升刑"案

——一审宣判无罪,二审检察院撤回抗诉

2018 年 3 月,我在河南周口太康县办案,齐某的家属以及他民事案件的代理律师一起来周口找我,让我一定要亲自代理齐某案。

这是一桩典型的公安机关插手民间经济纠纷的案件,而如此明显的民事案,河南某市(县级市)检察院居然批准逮捕,并提起公诉。

本来案件缠身、分身乏术的我,一下就来了兴趣。这案子的法律问题很简单,但其背后个别司法机关与高利贷机构勾搭、迫使公民还款入狱的现实,想要撼动则十分不易。

经过我们多方努力,加上媒体介入,齐某案一审就拿到了无罪判决,二审检察院撤回抗诉。

此后,该市的"司法生态"成为河南省巡视组巡视的重点。

"掐脖子"签协议,这桩民事案不简单

事情的起源是一桩十分平常的民间借贷担保协议。齐某作为协议保证人,在保证期间即将经过时,因被债主当众掐脖子、被迫签下继续履行的"凭证",又使得这桩民事案显得不简单。

2014 年,齐某当时是河南某市园林局环卫所的所长,因为公职人员身份信誉较好,齐某被同学蒋某拉进了一个房地产承包项目。

加上齐某,项目共 4 人,另外 3 人分别是许某 1、许某 2 和蒋某。因项目需要 150 万元押金,4 人认为银行贷款手续烦琐、周期长,于是决定向私人借贷,许某 2 为借款人,齐某和蒋某为保证人。

齐某等人向两个债主共借了 150 万元,借款的名义是"过桥资金"。债主一为郝某龙,借款为 80 万元,月息 6 分(年利率为 72%),借款

15 天；债主二为付某鹏，借款 70 万元，月息 4 分（年利率为 48%），借款期限 30 天。

这两笔放贷的性质，是妥妥的高利贷。其中债主付某鹏勾结公权力、疯狂的逼债报复行为，几乎毁了齐某的人生。

2016 年 12 月，在双方约定的 2 年保证期间即将经过时（保证期间经过，保证人不再承担保证责任），付某鹏集结数人，闯进齐某办公室逼债。付某鹏当着园林所众多工作人员的面，对齐某进行辱骂，并掐住齐某的脖子，让齐某在一张空白纸下方签上了自己的姓名和身份证号码。

2017 年 1 月，付某鹏到该市法院起诉了许某 2、齐某和蒋某，要求偿还借款和违约金。法庭上，付某鹏拿出了一份有齐某亲笔签名的《还款计划》。《还款计划》即为付某鹏用胁迫齐某签字的白纸伪造而成。

该市法院认为，《还款计划》是齐某对"担保延续"的一种确认，因此一审判决齐某应当承担保证责任，而蒋某因保证期已过不承担保证责任。

齐某不服，上诉到商丘市中院。2017 年 12 月，商丘中院查清事实后给出了与一审相反的判决。商丘中院认为，缺少齐某真实意思的签字的《还款计划》不能成立，最终判令齐某不承担保证责任。

但齐某私下仍多次表示，要是借款人许某 2 无法还款，他作为保证人，等项目竣工结算工程款后，也会把钱还上。

另一债主郝某龙在该市法院一审期间，就撤回了起诉。

本以为纠纷了结，没想到更大的灾祸随即而来。

付某鹏能当众掐人脖子，胁迫签字，就说明这事不会那么简单结束。但谁又能想到，齐某等人当初借款以"过桥资金"为名义，而实际将借款用作了投资，这个民事行为上的瑕疵，竟然能给人带来牢狱之灾。

公安局纪委书记是高利贷债主保护伞！

付某鹏是该市国土资源局一位工作人员，同时又经营着一家投资担保公司。付某鹏通过投资担保公司，在该市干的是放高利贷的活，月息一般 5-6 分，年利率通常在 60% 以上。付某鹏催债的手段和黑社会如出一辙，但他比黑社会更猖狂，他可以随意把拖欠贷款的人送去坐牢，因为他有一个在该市公安局当领导的哥哥——付某林。

付某林在该市公安系统工作30多年，曾任派出所所长、交警大队队长、公安局副政委等职，并长期分管经侦工作。办理齐某案时，付某林为该市公安局纪委书记。

在齐某民事案二审胜诉后，付某鹏又多次集结数人到环卫所对其进行辱骂，齐某一气之下给付某鹏发了一条短信，大意是："我要告你，非法放高利贷是违法的，判你几年刑，别连累你家人。"

短信发出去没几天，2018年1月，齐某就被该市公安局以涉嫌诈骗罪给刑拘了。2个月后，齐某因涉嫌诈骗罪被该市检察院批准逮捕。

"付氏兄弟"的罪恶

在被逮捕期间，齐某听同监室的狱友提到过我，而那位狱友曾是我的一位当事人。这位当事人一审被判得很重，二审我介入后发回重审了，所以比较信任我，向齐某推荐我。另外，齐某民事案的代理律师，曾在河南省检察官学院听过我讲课，也向齐某推荐我。齐某让他家属一定要找到我为他辩护。

在河南周口见完我后，齐某家属又亲自跑来北京几趟叙说案情的具体细节。我当时因为有很多案子正在推进，所以不可能只关注这一个案子，我又向齐某家属推荐了京师律所聊城分所的田耘律师，与我一起配合。田耘律师业务能力非常过硬，很快也获得了齐某及其家属的信任。最后我与田耘律师共同担任齐某刑事案辩护人。

我和田耘律师介入齐某刑事案的时候，已经是审查起诉阶段了。

第一次会见的时候，齐某就跟我们说他惹了惹不起的人。

狱警曾跟齐某透露过，付某鹏放高利贷，对于还不上钱的人，就通过他哥哥付某林，用刑事手段，把人抓进看守所说是诈骗。大多数人因为害怕，砸锅卖铁很快就会把本金和高额利息都还上，还完了就取保候审，诈骗案就不了了之。齐某所在的看守所里，这种情况进来的，有名有姓的就有12人。

另外，付某鹏在该市法院涉诉的高利贷案件还有 40 多起，而这 40 多位债务人或担保人接下来的命运也可想而知。

齐某家属在外也打听到了"付氏兄弟"的可怕之处。

因付某林在该市公安系统深耕 30 年，一直高升，这么多年，"付氏兄弟"在该市涉经济案件的处理上，可谓只手遮天，无人敢惹。

如 2013 年，该市公安机关在办理"李某鹏非法吸收公众存款案"时，付某林为专案组组长，专案组追缴的赃款有 1000 多万元不知去向，还有近 1000 万元的赃款落入了办案人员自己的口袋。有受害者举报付某林私收赃款，随后被该市公安机关刑拘，还有其他受害者因举报被打成了同案犯。

付某鹏身为公职人员，却能在该市干高利贷，多年屹立不倒，一是因为欠他钱的人都尝到了刑拘的滋味，不敢不还；二是因为敢举报他和付某林的人，会面临更猛烈的报复。

齐某被刑拘后，齐某家属立马慌了神，曾找到付某鹏求饶，付某鹏则说："齐某不是很能吗？他不是说要告发我吗？不是说要判我几年刑吗？我就是不要钱也不会让他出来。"

付某林曾对齐某家属说："原本要判齐某七八年，把房子拿过来，就判个四五年。"

因齐某、蒋某等人被刑拘，齐某参与的房地产项目只建设了 3 层便被开发商收回。齐某的工程款无法结算，包括自身投入的 800 多万元。

齐某的资产还剩两套房产，付氏兄弟对此摸得门儿清，因此付某林才让齐某家属用房产抵债。最终齐某家属是以"悔罪"的性质，将两套房产作价 62.8 万元抵给付某鹏的。

此前因齐某和付某鹏爆发过多次冲突，虽然家属拿房产抵了债，但齐某并未因此被取保候审。付氏兄弟的目的是要继续给齐某判刑。

荒谬的"民升刑"

前文中提到，齐某等人在借款时名义是"过桥资金"，但资金实际用途被用作了房地产项目投资，包括交付押金、支付材料款等。

齐某的 3 位合伙人中，许某 1 是这个房地产项目的组局之人，最有实力。但因许某 1 其他工程项目出现大额资金问题，导致他们 4 人未能按时将郝某龙和付某鹏的高利贷还清。后郝某龙、付某鹏勾结该市公安机关，直接举报许某 2（借款人）、齐某（保证人）和蒋某（保证人）诈骗。

该市检察院提起公诉的理由是：齐某等人明知生意失败，无经济能力，以"过桥资金"为名借贷担保，实际改变借款用途又逾期不还的行为，为主观上带有非法占有目的，客观上实施了骗取他人财物的行为，数额较大，构成合同诈骗罪。

该市检察院的起诉理由首先存在生活常识问题。

检察院描述"齐某等人明知生意失败"，指的是齐某过往投资失败的经历，而因为齐某此前投资失败了，所以检察院得出了齐某"无经济能力"的结论，即认为齐某没有还款能力。

有无经济能力，是一个综合判断问题，齐某名下仍有几套房产，自己也拿出了 800 多万元的资金投入，另外其公职人员身份具有一定社会信誉，齐某拥有一定的社会筹措资金的能力，怎么就能被判断为了"无经济能力"？这是该市检察院关于生活常识的第一层逻辑错误。

第二层逻辑错误就是——假设齐某确实没有还款能力，还借入资金经营，此种情况竟然被该市检察院判断为具有"非法占有目的"，而"非法占有目的"是构成诈骗罪的前提。

生活中，投资具有风险，失败是常有的事。一个像齐某这样的投资者，在自己生意失败的情况下借入资金，试图改善经营状态，获取更多的利润，是一件再正常不过的事。如果将此行为定性为诈骗罪的前提，这世上还有谁敢借钱做生意？

该市检察院还犯了法律常识错误。

检察院将齐某等人以"过桥资金"为名借贷担保，实际改变借款用途的行为，被判断成了具有"非法占有目的"。

借入资金，根据相关司法解释，如挥霍、携款逃匿，是可以被认定为具有"非法占有目的"。但仅仅是改变了借款用途，是否构成犯罪，还需要谨慎对待。按照 2014—2015 年房地产暴涨行情，齐某等人借入资金经营，是有很大可能获得超额回报并进行还款的，如此被认定为具有"非法占有目的"，这是极其缺乏法律素养的判断。

齐某等人以"过桥资金"为名借款，却把借款用作投资的行为，只能算民事上的瑕疵行为。债主讨债，用的也应该是民事手段。现实是，付某鹏让自己的权利处于"睡眠"状态，超过保证期间才起诉，法院的终审也已定分止争，齐某不承担保证责任。

但就是这么明显的一个"民升刑"案件，从基本的生活常识和法律常识中都可以判断出不构成犯罪，检察院却批准了逮捕，硬生生地推到了公诉阶段，可见齐某案背后的推手力量之狂。

该市检察院的两幅面孔

第一次会见完齐某，我和田耘律师马上就到某市检察院找到了本案的主办检察官。主办检察官是公诉科的科长，一位女士。

见到这位女科长后，我就开门见山直接说，这个案子肯定不构成诈骗，这就是明显的公安机关插手民间经济纠纷的问题。

为了防止公安机关滥用权力干预民间经济，造成难以挽回的后果，公安部联合其他部委，出台了相关规定，如《公安部关于公安机关不得非法越权干预经济纠纷案件处理的通知》（1989 年）、《公安部关于严禁公安机关插手经济纠纷违法抓人的通知》（1992 年）和《公安部关于严禁越权干预经济纠纷的通知》（1995 年）。

特别是 2018 年，银监会会同公安部、中国人民银行等部门联合出台了银保监发〔2018〕10 号通知。通知指出，民间借贷发生纠纷，应当按照《最高人民法院关于审理民间借贷案件适用法律若干问题的规定》处理。

这位女科长当时表示愿意听取我们辩护律师的意见，会认真地研究，并且让我们给她写一份法律意见书。

沟通完后，我和田耘律师回去将案件仔细剖析，把关于诈骗罪的构成、法理以及相关案例整理成意见书提交给了这位科长。

收到意见书后，这位科长表示齐某案不起诉处理的可能性很大，希望以后大家对这个案子常沟通，交流意见。

但后期再联系，这位女科长的语气就明显变了。这种突然的改变，我隐约有些直觉，应该是受到了内部阻力，但这阻力在检察院里来自谁，该怎么解决，我一时摸不清。直到齐某民事案代理律师跟我详细说了该市公检的现状后，我对检察院态度的转变了然于心。

齐某案背后个别公权力人员的勾连我早已想到，但直面权力在自己眼前肆无忌惮，还是切实地感到痛心。我鼓励自己，亮剑前行吧，法院是最后的阵地，那就让我们在法庭上一决胜负。

法官：我们就看案子本身

了解了该市司法环境后，我就直接对齐某说，案子比较难，难度就在于破除背后势力的干扰，想从泥潭里出来不容易。我要齐某做好二审和申诉的准备。

齐某坚信自己无罪，非常愿意配合律师的工作。这样意志坚定的当事人往往也让我们辩护律师干劲满满。那就和他们维权到底！

齐某于2018年1月被刑拘，同年9月，齐某被起诉到该市人民法院。看到起诉状时，我的感觉就如前文所述，那真是满纸荒唐话。

我和田耘律师很快联系到承办法官。法官给我们的第一眼印象是有一身正气的法官。跟法官在会见室交流时，我们详细说了这案子背后公检和高利贷人员之间的勾连故事。法官明确对我们说："我们不看故事，就看案子本身。"

法官的话掷地有声，其刚正的态度让我很钦佩。但一想到该市检察院的反复无常，我的一颗心还是悬着。

媒体监督+举报控告

见完法官，齐某家属向我们问询下一步动作和对案件发展的看法。我把自己对检察院的判断和对法官的印象全都如实相告，最后我们还是回到了本案的最根本问题——怎样才能破除背后的公权力勾连，让案子得到公正的审判？

齐某家属常年生活在该市，对很多道理都非常明白，知道靠当地司法系统内部纠正可能性很小。于是家属提议是否可以考虑向媒体曝光"付氏兄弟"的恶行？

阳光是最好的防腐剂，让司法袒露在阳光下，是我们国家一直坚持的法治理念，让群众来监督司法，是促进司法公正最有效的手段。我非常赞成齐某家属的提议。

效果也是显而易见。因被"付氏兄弟"迫害者众多，齐某家属向媒体开了曝光这个口后，越来越多的受害人选择站出来说话。齐某案很快就得到了主流媒体的关注。媒体相继报道了"付某林贪污受贿""市公安局刑拘举报者""集资诈骗案受害者被打成同案犯"等罪行。

同时，我们在阅卷时发现，付某鹏从不特定的人手中借了几千万元用作放贷，此行为涉嫌非法吸收公共存款罪，于是我们迅速整理材料让齐某家属去公安局控告。因为媒体对"付氏兄弟"的高度关注，付某鹏很快就被刑事立案。

付某鹏的犯罪行为、涉案资金被初步查实后，被移送某市检察院审查起诉，不曾想该市检察院最终作出了不起诉决定。

对"付氏兄弟"我们无可奈何，但经过媒体曝光和齐某家属控告后，我们相信该市的司法机关也不敢再对齐某"任性"。

一审：齐某当庭陈述被胁迫，触动第一被告

2018 年 11 月底，齐某合同诈骗案迎来一审审判。

借款人许某 2 为第一被告，齐某为第二被告，蒋某为第三被告。不幸的是，蒋某在开庭前突然死亡，在缺少蒋某当庭辩解的情况下，这无疑会对还原整个案件事实产生不利影响。

许某 2 当庭认罪。

齐某坚持无罪，我们认为仅有假笔录作为证据，无法定罪。我和田耘

律师在庭审上直接摊开"付氏兄弟"的恶行，摆出事实和法律依据，向法官全面剖析整个案件，并当庭提交了我们调查取证得到的、可以佐证齐某无罪的证据。

齐某则当庭向法官陈述其在侦查阶段遭到胁迫。那些原本以为开庭只是走过场的人，对齐某和我们的表现一时之间来不及作出反应。

法庭决定择日再进行第二次庭审。

第一被告许某2被我们极大地触动到，他没想到我们真的敢在庭审上挑战"付氏兄弟"，原来庭审可以不走过场。

第一次开庭完，齐某因当庭说出真话而十分振奋，我和田耘律师也对案件走向充满信心，我还开玩笑地对田耘律师说，"要是第一被告敢于说实话，这样庭审就更精彩了。"

第一被告翻供，检察院要撤诉

我的玩笑一语成谶。

2019年1月初，齐某合同诈骗案一审第二次开庭。第一被告许某2当庭翻供，说自己被欺骗和诱供。

该市公安机关曾跟许某2说，让他把责任全都推到齐某身上，最后法院给齐某判刑，案件就完结了。许某2相信了公安机关的话，按照编排好的笔录签字捺印，但没曾想自己还是被送上了法庭，被检察院起诉。该市公安机关出尔反尔，许某2说如果没有我们的坚持，他本来只打算自己委屈地接受了。

真相大白，二次庭审很快结束。

我和田耘律师乐观地认为，很快就会收到齐某的无罪判决。但判决迟迟不下。

我多次联系办案法官询问原因，法官说检察院可能要撤诉。我一听就明白了，检察院这是要拖延时间啊！虽然在媒体的关注下，该市公安机关和检察院已经不太可能弄出什么大风浪，但我的当事人不能一直被关押啊！

我立即赶往该市检察院，再次见到了齐某的主办检察官，那位女科长。我态度坚决地表示："要撤诉赶紧撤，撤完赶紧给国家赔偿！要么别再拖时间，让法院尽快下判决，我的当事人不能再无端承受牢狱之灾！当然，我是不希望你们撤诉的，这个案子本来就应该拿到一份无罪判决！"

一审获无罪判决，检察院二审抗诉又撤诉

2019 年 10 月底，即距离齐某合同诈骗案第二次庭审结束 8 个月后，该市法院为齐某作出了无罪判决，意料之中。

但本应就此结束的一场闹剧，某些人仍不想就此唱罢。

2019 年 11 月，该市检察院以法院"明显地认定事实错误"为由提起抗诉。抗诉就抗诉，也没有超乎预料，如此明显的无罪案件，我始终坚信还是会维持原判。

二审如预期一样顺利。我们辩护律师在庭上充分表达了自己的观点，二审法官也就案件本身提出了一些比较好的问题，我们就法官的问题给出相应的解释。二审庭审更像一个案件的研讨会，法律专业氛围浓厚。

开完庭后，二审审判长和我握手说："特别想和你一起吃顿饭继续聊聊，但是现在这个时候也不太合适。"我给法官留了张名片，也表示自己很愿意在案件结束后和法官一起认真探讨。

不久后，检察院撤回抗诉，一审无罪判决生效。至此，齐某案在我这里的部分，算是顺利且完美地结束了。

办案心得：

对于民事欺诈行为和刑事诈骗罪的区分，行为人有没有"非法占有目的"是二者之间的根本区别。齐某案中，行为人是否存在"非法占有目的"，前文已有论述。

以刑事手段插手民事经济纠纷的现象，在司法实践中极为常见，本案就是其中的一个事例。从本案中也可以看出当地司法的腐败，给百姓造成了多大的伤害。仅仅因为一起民事纠纷，当事人就被恶意关押，不但被剥

夺了自由，而且被侵占了财产。

我一直说齐某案的法律问题非常简单，事实也确实如此，相信任何一个通过法考的法律人都知道，齐某的行为明确不构成犯罪，难的是斩断背后的利益交错、盘根错节。

齐某案最终能胜利，除了我们律师和当事人的共同努力，其实运气也占了一定成分。在该案中，我们有幸能遇到一群正义的媒体人、遇见公正的法官，有幸能调取到有利的证据，还有幸感染到了其他被告使其敢于说出实话。

2019 年 6 月，当事人齐某到北京市京师律师事务所总部，为王发旭律师送上锦旗

感到幸运的同时，我也同样心情沉重。为了纠错个别人的公权私用，当事人付出了多大的代价！

最近几年，党中央一直强调"全面依法治国"，并将"全面依法治国"上升为治国理政的高度。"全面依法治国"就是按照宪法和法律规定来治理国家，任何人不得超越宪法和法律，不得滥用公权。

第三章　云南泛亚 "非法吸收公众存款罪" 案
——对王某的无罪辩护

云南泛亚，全称昆明泛亚有色金属交易所，是我国最早由政府批准、监管的专业有色金属现货交易所。泛亚一开始主营业务是有色金属现货电子交易，后来引入 "投资人" 模式，增加了融资业务。也正是融资业务使泛亚具有了理财平台属性，最后酿下惊天大祸。

2015 年，泛亚和 e 租宝两个超级理财平台爆雷。e 租宝约 380 亿元无法兑付，受害人近 90 万人；泛亚 338 亿元无法兑付，受害人有 13.5 万人。泛亚涉嫌的 "非法吸收公众存款罪"，犯罪数额巨大，高达 1679 亿元。

2015 年 12 月底，泛亚被昆明警方以 "合同诈骗罪" 立案侦查。昆明警方用 1000 多名干警，花了近一年时间（包括两次补充侦查）做成了 8700 多本卷，这是我执业生涯里见过的最庞大的卷量。2016 年 12 月，泛亚公司及相关当事人被昆明检察院以 "非法吸收公众存款罪" 起诉。被告人包括昆明泛亚、云南天浩、宁波戴奥、广西德邦等 4 家公司，以及 21 名自然人。

我的当事人王某，曾是泛亚的董事、副总裁。泛亚被立案侦查时，王某已从泛亚离职超 1 年的时间。听王某说完他在泛亚的经历，我对他要承担刑事责任生出不少同情。如果说，要在泛亚案的主犯中，找出一个相对无辜的，那应该就是王某。

找律师的波折

泛亚被昆明警方立案侦查后，王某于 2015 年 12 月底被刑事拘留，后因为身体原因，于 2016 年 6 月被取保候审，取保状态一直持续到一审判完。

取保候审期间，王某活动比较自由，都是亲自找律师。王某的妻子比较强势，一直陪同他，王某的事务最后拍板的是他妻子。王某是金融研究生学历，跟妻子是研究生同学，二人呈现出来的特质是典型的精英范——理性、结果导向、说话抓重点。

王某夫妇先是找了我们业内鼎鼎有名的某位大律师，律师费都交了，但最终觉得这位律师名气大过实力，又解除了委托，要回了律师费。解除委托后，王某跟这位律师要之前的案件材料，这位律师脾气就上来了，警告王某不要来烦他，否则把他掌握的王某其他事抖搂出去，让他多蹲几年牢。

王某夫妇辗转来到我们律所，找到了我。跟我聊到上一位律师，王某还觉得有些不可置信，并疑惑地问我："虽然解除了委托，也不至于反目成仇吧？"我只能以同样不可置信的语气回复他。王某大概也是在试探我。

聊起案件，王某沉着冷静，直抓重点。从哪年进的泛亚、工作内容是什么、自己在泛亚是什么职位、泛亚为什么会出事，等等，很快就让我理清了脉络、知悉泛亚案的重难点在哪里。涉及金融方面的专业问题，王某妻子会配合他解释得通俗易懂。双方之间的沟通效率非常高。

考虑到泛亚案工作量之大，我介绍了当时我的助理袁方起律师一同代理，王某夫妇比较满意。在挑剔的王夫人眼中，我和袁律师的法官出身加了不少分，尤其是袁律师，曾经 20 岁出头的年纪就当上了基层法院的副院长，后来辞职给我当助理。连法院院长都来给我当助理，就算王某夫妇不懂法律，但以此标准判断，他们相信我的业务能力是名副其实的。

第一次见面聊完后，我们很快就签订了委托合同。

8700 多本卷，怎么阅卷？

介入泛亚案时，是 2016 年 11 月，此时案件已经过 2 次退回补充侦查，到了检察院最后的审查起诉阶段。昆明检察院经过一次延期，于 2016 年 12 月 14 日向昆明中院提起公诉。8700 多本纸质卷，在法定的 45 天审查期限内，检察院只能将一部分材料制作成电子档，我们也没有办法将几千本纸质材料全部复制，万幸的是昆明中院将纸质材料都制成了电子档。

在我们刑辩领域，案件到了法院阶段，基本不会有电子档，只能自己挨个复制纸质版。我现在都无法想象，假如当初昆明中院没把卷宗做成电子档，我们这些律师阅卷要费怎样的功夫！8700多本是什么概念？就是2辆加长卡车+4台手推车装载，才能一次运完。为昆明中院的这一行为点赞。昆明中院是用光盘制成的电子版有几百份，我派了2个助理带了4台电台，拷了一星期才搞定。听法院的人说，我们是唯一将材料拷完的律师。

8700多本卷每一本都要看吗？给你充足的时间，看完后面你也想不起来前面的内容，都看完非人力所及。卷宗当中，我认为最有价值的是目录，甚至是目录的概括。比如，目录概括里会说明第2000—4000项是财务账册，这有必要看吗，连目录都不用翻。财务账册律师未必看得懂，看懂了也没有实质用处，我们只看审计机构针对财务账册出的审计报告。还有材料里涉及的国内外十几万投资人（受害者）信息，也没必要看，搞懂泛亚的模式和十几个典型投资人的涉案合同，就搞懂了其他人的投资经过。

最后我们从这8700多本卷里筛出来要看的卷有500多本，其中300本可以粗看，200本要细看，要反复琢磨的约50本。这50本卷主要是嫌疑人供述、证人证言、重要的合同和凭证。

检察院提起公诉后一个星期，昆明中院于2016年12月21日立案并组成合议庭。在我们拷完材料后，昆明中院就开始组织庭前会议，时间很紧凑。袁方起律师非常负责，总是看卷看到凌晨两三点，看完就给我打电话，讨论辩护思路。那段时间我和袁律师经常顶着黑眼圈穿梭于北京和昆明之间，有时候日夜颠倒就在律所睡一觉，第二天赶飞机。路途上，一睁眼、一闭眼全是泛亚。

金融圈里的庞然大物

对泛亚全案有了较深的了解后，会忍不住唏嘘，眼见它高楼起、风光无限，一瞬间又楼塌了、造成了无数悲剧。但悲剧就只是泛亚的这些高管造成的吗？

泛亚于2011年2月在昆明注册，实控人是单某，单某是泛亚案中的头号主犯。

单某是活跃在金融圈里的风云人物，在成立泛亚前，其就在上海成立了一个叫"考尔"的交易平台。考尔推出的交易模式是"现货补偿交易+中间仓"，即交易商只需要缴纳交易金额的20%就可以双向交易，如果双向交易不对等，例如买入比卖空要多，那么考尔提供货物；反之，考尔提供资金买入货物。考尔模式与日后的泛亚模式几乎相同，前者"中间仓"对应的就是后者的"保证金账户"，资金来源主要靠吸收外部投资人的钱。

考尔在2010年爆雷，投资人取不回钱，其主要负责人因"非法吸收公众存款罪"被判了4年，这就像是泛亚案的预演。单某很幸运，没被判刑，其败走上海后，又踏足昆明。

2011年2月，泛亚在昆明注册成立，经营范围有：有色金属现货电子交易、交割、结算服务；有色金属销售；经济信息咨询。

2011年6月，泛亚在第十三届中国风险投资论坛上，获"2011中国最具投资潜质创新企业"称号。

泛亚成立半年后，2011年8月，单某就集结泛亚的几个管理层，讨论引入"投资人"，投资人也就是后来泛亚"非吸"案的受害者。王某跟随单某进入泛亚，成为副总裁，主要负责技术实现。单某提出"投资人"模式，由王某负责起草交易规则。2011年8月，王某同时开始分管泛亚的银商部，负责打通银商渠道。

2011年11月，泛亚上线"委托交割受托申报"业务，引入了投资人投资，2013年这一业务升级成了"委托受托"业务，还是同样的内涵。就是这个"委托交割受托申报"和"委托受托"业务，在后来的泛亚"非吸"案中，被认定为未经批准的融资业务、具有"违法性"，王某因为起草规则和负责银商通道，成为泛亚"非吸"罪的直接主管人员。

2011年11月，国务院下发38号文《关于清理整顿各类交易场所切实防范金融风险的决定》，并成立了全国清理整顿交易场所部际联席会议办公室（简称部际联席会议）。随后几个月，全国的交易所发起大整顿。

在2012年至2014年间，云南整顿小组又多次对泛亚进行整顿，结果都是通过验收，但泛亚始终未能通过部际联席会议的验收。在整顿过程中，泛亚在2013年成功上线了由"委托交割受托申报"升级的"委托受托"业务，无疑，这项业务后来也被法院认定为违法。

透析泛亚模式，我认为王某相对无辜

想要知道泛亚为什么从企业明星沦为罪犯，大厦轰然倒塌，就必须深入研究泛亚模式，问题出在了哪里？也只有知道我的当事人王某处在什么样的环节上，才能做相应的辩护。

以考尔案为前车之鉴，也许单某成立泛亚对"非吸"早有预谋，但在单某（第一被告，泛亚实控人）、郭某（第二被告，泛亚总裁）、王某（第四被告，泛亚副总裁）等人一开始起草设计的规则里，"委托交割受托申报""委托受托"业务想做的是，以泛亚为平台，让更多的资金在这个平台上匹配更多的需求，让投资人有合适的投资标的，让卖方更容易出货赚钱，提高有色金属的交割率，迅速壮大泛亚规模。

"吸引外部投资人，是为了解决企业和个人进来卖货能拿到钱，企业和个人进来买货能拿到货，真正服务实体经济，使市场最大限度满足企业销售和采购的要求。"单某曾交代。

泛亚"委托受托"业务模式如下图（曾经的"委托交割受托申报"类似）。

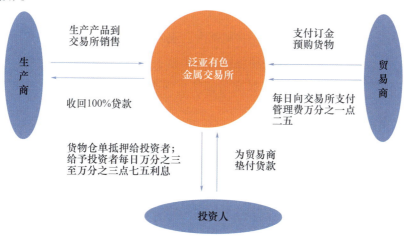

在该模式中，投资人通过终端"日金宝"等理财产品，将钱投入泛亚平台，获得每日 0.03% 至 0.0375% 的利息（日金），约年化百分之十几的收益，投资人可以随时取出本息。生产商将有色金属上市到泛亚交易所，贸易商在泛亚平台开设保证金账户，用自己的部分资金和借入投资人的资金，购买有色金属，并支付平台一定管理费用。投资人与贸易商之间是借贷关系，投资人的收益是贸易商借用资金付出的成本。

在王某起草的规则中，泛亚是撮合投资人和贸易商资金拆借、贸易商和生产商交易有色金属的平台。但在泛亚实际运营过程中，泛亚平台自己做起了融资人。

投资人的钱被直接归集到了泛亚平台的保证金账户，但银行却不独立监管账户，仅接受泛亚公司的指令，因此投资人和贸易商并没有直接对应的借贷关系。投资人的钱进了泛亚保证金账户，泛亚进行调配，泛亚平台成为了资金池。

在资金没有独立监管的情况下，单某、郭某和杨某（第五被告，泛亚副总裁）等高管，联合天浩系公司（由云南天浩公司控制，被告人）、戴奥系公司（由宁波戴奥公司控制，被告人）、德邦系公司（由广西德邦公司控制，被告人）、龙森系公司（由昆明龙森公司控制，参与人被追究刑事责任）、中都系公司（由上海中都公司控制，参与人被追究刑事责任）等公司，在泛亚平台实施"自卖自买"，营造出泛亚平台金属交易火爆的现象，生产商、贸易商，实则都由泛亚公司等被告控制。

同时，单某还联合这些利益相关方实施了"手动添加虚拟资金""挪用保证金账户资金""对关联交易商禁止强平""违规调低保证金比例"等违法违规操作。

"手动添加虚拟资金"须经单某批准。批准后，泛亚公司可以为仅入库货物而未实际出资的关联客户手动添加资金，或直接为关联客户在交易系统账户上添加资金。"虚拟资金"可以从事受托交易甚至出金。使用"虚拟资金"实质上是挪用、侵吞了投资人存放在保证金账户的资金。泛亚最后被查出添加的虚拟资金数额为 20 亿—30 亿元，占投资人损失的 1/10。

"挪用保证金账户资金"，即在单某等高管的授意下，泛亚公司随意挪用了保证金账户里投资人的钱，再次投入泛亚平台，重复使用。这种行为一是某些高管薅公司的羊毛，赚取"日金"；二是为了继续营造出泛亚繁荣的假象。此项被挪用的数额有 193 亿余元。还有一些贸易商会员没向保证金账户存钱，却从中取走了 33 亿余元的巨额资金，实质上还是侵吞了投资人存到保证金账户的钱。

"对关联交易商禁止强平"，在王某的设计规则里，为保障投资人权益，对违约交易商规定了强平制度，这是一种常见的降低金融风险的操作。即当交易商账户资金为负数时，其应当在规定时间内补充资金，否则应由交易平台对其资产强制变现处理、偿还投资人。但在实际经营中，单某等人授意对一些关联交易商进行"特殊保护"，无论其资金账户负数多大，一律被禁止强平。如此一来，应当由这些关联商向投资人承担的支付"日金"，最终就会转嫁给后来的投资人，由他人为资金缺口买单。在这种操作下，云南天浩公司的负数达到 10 亿元，宁波戴奥公司、上海中都公司也都超过 1 亿元。被单某授意列入"禁止强平"名单的关联公司与个人达到了 150 多个，因禁止强平而产生的负数总额为 62 亿余元。

"违规调低保证金比例"与"禁止强平"类似，都是对关联方账户进行特殊保护。按照王某的设计规则，交易商在交易平台从事交易，必须交纳 20% 的保证金。但在实际运作中，单某等人授意擅自降低了部分交易商应当缴纳的保证金比例，有的保证金比例被降到 15% 甚至 10%，从而延缓交易商被强制平仓，任由交易商偿还投资人资金的风险增大。

通过对泛亚规则和实操的研究，我发现，王某只负责泛亚前期的规则起草和银商渠道打通。按照王某的规则，在泛亚"委托交割受托申报""委托受托"业务中，泛亚只是一个撮合各方交易与资金融通的平台，对于平台账户与资金的管理，也采取了金融行业通用的避险措施。泛亚之所以最后崩盘，造成严重后果，很大原因在于实际运行中的各项违规操作。

泛亚的初衷是做有影响力的有色金属交易平台，争取有色金属国际定价权，但发展的几年里，泛亚平台的有色金属"只进未出"。泛亚平台上的有色金属价格一直被人工调节走高，明显高于市场价。投资人的收益最终不是来源于真实的有色金属交易，而是后来者不断投入的资金。泛亚的

"委托交割受托申报""委托受托"被做成了一个击鼓传花的游戏，这个"鼓"的窟窿因为违规操作而越来越大，只有大量新资金入场才能维持不崩盘。2014年下半年至2015年上半年，中国股市爆发式发展，民间资金纷纷投向股市，泛亚平台吸收资金的能力急剧减弱，其出现兑付危机至全面崩塌，也就是在这个时段。

那么王某在泛亚从"交易平台"转化为"击鼓传花"游戏的过程中，有没有份呢？我认为没有。

如保证金账户的资金，托管银行不能独立监管，而只听泛亚的指令。王某打通泛亚的银商渠道，是很常规的商业行为，试问哪个开公司、做生意的，不去银行开户、不跟银行来往呢？至于最后泛亚跟托管银行未约定对保证金账户的独立监管，那不是王某这个层面能决定的，而是实控人单某的意志。王某对于泛亚"自卖自买""手动添加虚拟资金""挪用保证金账户资金""对关联交易商禁止强平""违规调低保证金比例"等非法操作，更是一个都没有参与，对此一审法院也有认定。

因此我认为，在泛亚案中，有罪的是实施违法违规行为的个人，王某的行为是正常的商业行为。王某的设计规则是"委托交割受托申报""委托受托"业务的运营规则，是投资人投钱时，与泛亚达成的合约基础，因此是单某及其关联方违规操作的"违约"行为，也可以说是"欺骗"行为，肆意侵吞了投资人资金，最终致使十几万投资人遭受了巨大损失。

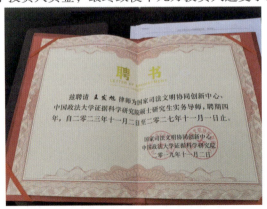

2019年11月2日，王发旭律师被国家司法文明协同创新中心、中国政法大学证据科学研究院聘请为硕士研究生实务导师

泛亚金融"创新"监管空白

泛亚一开始被昆明警方立案侦查的罪名是"合同诈骗罪"，该项罪名的原理和我的上述分析思路一致。但检察院起诉的罪名是"非法吸收公众存款罪"，法院最后认定的罪名也是"非吸"罪。

根据相关司法解释，"非吸"罪有4个典型特质，即"非法性""公开性""公众性""利诱性"，其中"非法性"是根基。泛亚被认定为"非吸"罪的原因在于，"委托交割受托申报""委托受托"这两项业务是"未经批准的融资业务"，是"违法的"。

"昆明泛亚公司未向中国证监会云南监管局（云南证监局）报批过相关业务、交易规则，该局也从未批准过'委托受托'业务。中国人民银行（央行）昆明中心支行未收到昆明泛亚公司'委托受托'事项的来文，未对该事项进行批复。"昆明中院在后来的一审判决中认定。

昆明中院否认了泛亚的"委托交割受托申报""委托受托"业务只是为了撮合交易。法院认为"委托交割受托申报""委托受托"是未经批准的融资业务，借款人和投资人不能一一对应，泛亚控制资金池和资金进出，泛亚本身就是融资方，而不是撮合交易的平台方。法院把泛亚违规操作形成的模式，认定成了一开始就是被设计成这样的。

按照法院的认定，泛亚本身是融资方，那么"委托交割受托申报""委托受托"业务是否需要经过批准呢？

我和袁律师经过调查取证得知，泛亚被立案侦查后，2016年1月，云南银监局曾复函告知昆明公安局，泛亚交易所不属于云南银监局监督管理的机构。而央行昆明支行给公安局的复函没有明确说明，泛亚的"委托受托"业务是否需要经央行批准。

确认了泛亚"委托交割受托申报""委托受托"业务的"违法性"，之后的"公开性"、"公众性"和"利诱性"则很好对应。

"我全案做罪重辩护!"

泛亚被以"非吸"罪起诉,涉及泛亚在内的 4 家单位和单某、王某等在内的 21 位自然人为被告。

因为"委托交割受托申报""委托受托"被认为是违法的,王某作为规则的起草者,成为泛亚"非吸"罪的直接主管人员。其前期打通银商渠道的行为,也被认定成了犯罪行为。

昆明中院于 2016 年 12 月 21 日立案,直到 2018 年 6 月 30 日才一审开庭。在立案与开庭的一年半时间里,昆明中院开了十几次庭前会议。

怕庭审只是走过场,因此在参加庭前会议期间,我心中就酝酿着一个庭审突袭。

2018 年 6 月 30 日,泛亚案开庭,被告人和辩护人有五六十位纷纷进场。最高检、最高法和一些知名学者和教授都来参加了旁听。法院外受害人和媒体云集,在关注着法院动向。昆明公安局出动了大量警力在法院现场维持秩序。

我和袁律师对王某采取的是无罪辩护策略。

我的辩护思路概括为两项:一是否定泛亚案的"非吸"定性,否认投资人投钱的"存款"性质,我认为"合同诈骗罪"更合适,应追究实施犯罪行为的个人和单位;二是法院如果认定泛亚构成"非吸"罪,将起草规则的王某入罪,那么我就要当庭将泛亚"非吸"罪的参与者再扩大化。给法院提交的辩护词中,我详细论述了本案应构成"合同诈骗罪"的原理、王某应无罪,以及相关部门对泛亚的监管失职,但并没有激进地进行刨根问底。

袁律师与我打配合。袁律师首先将王某的身份在案件中进一步弱化,对"规则起草人"和"规则设计者"的内涵进行更细致的区分,认为王某只是奉单某之命行事,参考已经存在的"中间仓"模式,王某不是真正的"规则设计者",而只是听从单某的指示干活。袁律师还将王某入职时间、工作内容、离职时间等内容整理得清清楚楚,这些材料足以证明,王某未曾参与泛亚"自卖自买""手动添加虚拟资金""挪用保证金账户资金""对关联交易商禁止强平""违规调低保证金比例"等违规操作，这得到了法院的认可。此外，袁律师证明了王某打通银商渠道是在泛亚刚成立的阶段，当时单某等泛亚高管们尚未进行违规操作，王某的行为是正常的商业行为。

2018年6月30日上午11时左右，泛亚案一审庭审上，我们30多个辩护人依次在主审法官安排下进行发言，法官要求我们言简意赅，每人发言控制在10分钟以内。

第一个发言的是单某的辩护人，但由于这位律师发言带地方口音，短时间内没有直接抛出核心论点，他大概发言了5分钟的样子就被法官强行打断。王某是第四被告，我和袁律师的发言排在第四位。

主审法官问我："辩护人你是做无罪辩护还是罪轻辩护？"我回答："我做罪重辩护！"法官不可置信地看着我，我感觉到其他人的目光也都被我吸引，于是迅速组织语言，发表观点。

首先是将案件问题总结。"本案看似复杂，卷宗材料达8000余册，但究其实质，所涉及的至为关键的问题无非是泛亚公司的'委托交割受托申报''委托受托'业务是否属于金融业务？应否报请银监会批准？进入泛亚公司保证金账户的资金是否具有存款性质？泛亚公司是否向投资人承诺或给付了固定回报？支付'日金'回报的主体是委托人还是泛亚公司？造成危害后果的真正原因何在？泛亚公司经营中的违法违规行为属个人行为还是单位行为？"

接着我抛出核心观点，并刨根问底，"我认为将泛亚的犯罪行为定性为'合同诈骗罪'更合适，因此对全案做罪重辩护（合同诈骗罪比'非吸'罪重），而王某不曾参与泛亚案中的违规行为，因此对王某做无罪辩护。如法庭认定泛亚犯'非法吸收公众存款'罪，其'委托交割受托申报''委托受托'违法，我的当事人王某构成犯罪，那么相关监管部门就是共同犯罪，而且责任更重！"

我说了十几分钟，没人打断我，也没人回答我，全场鸦雀无声。

我说完后，袁律师接着补充，也没人打断。

到了质证环节，法官可能是因为我观点清楚简洁，就让我先发言。单某的辩护人提出异议说，"法庭应当按被告人排序让辩护人发言，要么从前往后来，要么从后往前来，从来没见过从中间开始的！"法官带着训斥的语气回复："法庭就是这么规定的。"

一审 2 天审完，刑罚也有门道

泛亚案一审开庭只有 2018 年 6 月 30 日和 7 月 1 日两天，影响力这么大的案子，竟然两天实体就审完了。

这样的一审也印证了当初我的猜想，在这之前一年半时间里，昆明中院开的十几次庭前会议，实质上就是在实体审理。按照法律规定，庭前会议要解决的只能是诉讼中关于"回避""出庭证人名单""非法证据排除申请"等程序问题，而"质证""辩论"等影响定罪量刑的环节必须在庭审上进行，这也是庭审的精髓。我们几十个辩护人，参加了两天庭审，平均每个辩护人发言总计还不到 1 个小时，"质证""辩论"像是在报数一样轻飘飘地就过去了。

开完两天庭，我就知道结局早就定了。2019 年 3 月，泛亚案一审判决出具。判决书非常浓缩，80 多页，我的观点不仅庭上无人回答，判决书中也一字未提。

看了判决书以及事后经过打听，才知道本案中刑罚也有门道。

泛亚公司犯"非法吸收公众存款罪"，被罚款 10 个亿。第一被告单某犯"非吸"罪，被判 10 年，又因其在泛亚的"职务侵占罪"，被判 10 年，合并执行 18 年（实刑）；第四被告王某犯"非吸"罪，被判 7 年（实刑）。奇怪的是，作为第二被告的郭某，被判三缓五（有期徒刑 3 年，缓刑 5 年）；第三被告张某，被判了 3 年 3 个月（实刑）。

作为第四被告的王某为什么判得比第二和第三被告重？

郭某一方采取的是罪轻辩护，郭某对检察院指控的事实没有异议，同时积极退赃、主动赔偿。郭某返还了这些年在泛亚所得 6000 多万元的资产，同时还主动上缴了自己几百万元的家产。郭某轻判尚可理解，但是张某呢？张某一方同我方一样，采取的是无罪辩护，张某本人也拒绝认罪，为什么张某的刑罚只有王某的一半？

王某告诉我，张某和单某在泛亚期间结成了夫妻，张某拿了某国国籍，还生了一个孩子，也是该国籍，尚在哺乳期。张某在被羁押期间，该国驻中国大使馆曾给法院发函，希望出于人道主义关怀，对张某进行轻判。

这可能也是出于对大局的考虑，最后昆明中院就对张某进行了轻判。

在代理王某案期间，一直有境外媒体联系我，看到境外号码显示，我是直接挂断！我当刑辩律师这么多年，一直认为有个警戒线不能碰，就是不管在法庭上辩护尺度有多大，都坚决不跟境外媒体联系！

以"不坐牢"为目的，推一把"自由裁量权"

王某因为身体原因，在一审判决前，一直处于取保候审状态，一审判决后，王某被逮捕。在被逮捕前，王某跑到了上海，打电话跟我说他要跑了。

我一听觉得挺荒谬，一个刑事犯罪嫌疑人，海关还能让你给跑了？为了当事人王某，我还是劝了劝他，"你这也没法跑啊！你这病还得在国内治疗。二审上诉吧，还是有可能不坐牢的。"

王某听了我的劝告，从上海回了昆明。2019 年 3 月，王某被昆明市某区看守所羁押。

王某一审判完后，我觉得二审是不可能改判无罪的，他要是判无罪，那么其他被判刑的人呢？改判无罪没法跟社会交代。我认为罪轻辩护和争取到保外就医（暂予监外执行）是二审努力的方向。但王某妻子比较受张某轻判的启发，就想给法院制造压力，二审要争取无罪。

王某妻子非常强势，希望我们听她的，袁律师因一审辩护过程中颇受她的压力，二审索性就不代理了。本所的武让芳律师接替了袁律师，与我一同代理王某的二审。我给王某妻子分析了一下，她的思路我会向法院和看守所转达，但是二审不能再冒险，罪轻辩护以及将王某保外就医是最有可能实现的。王某作为一个病人也经不住再耗下去，应该以他"不坐牢"为目的。最后王某妻子与我们达成一致。

王某被逮捕后，距离二审判决还有几个月时间，眼前的当务之急是将王某取保出来，家属非常担心他没有合适的治疗，会死在看守所。

我赶紧去昆明看守所会见，因为我在一审庭审上的过激发言，会见的阻力很大，看守所没人跟我对接。我知道看守所的人对北京的号码有所钻研，号码如果是"138"开头，他们会认为能量不小，就会接电话。我从其他律师那打听到了看守所所长电话，就直接用"138"开头的手机号打了过去，响了几声所长就接了，语气温和。我向这个所长转达了王某妻子的想法，所长非常紧张，说要报告领导。紧接着一审和二审的主审法官就都打来电话跟我沟通，让我劝王某家属不要激动。

王某患的病是淋巴瘤癌症晚期，不立即治疗也不会有生命危险，属于可以保外就医的疾病，也可以投监，能不能保出来，法院和监狱都有很大的自由裁量权。也确实因为王某妻子的这个思路，我们转达给法院和看守所后，看守所就自己提交报告给二审法院，说王某的病情不宜羁押，怕继续羁押下去会有生命危险，二审法院同意取保候审。就这样，王某被逮捕后两个月又被放出来，当时二审还未判决。

因多次被抓了放、放了抓，王某非常没有安全感。被逮捕放出来后，王某跑到律所找我，言谈之下他又想跑路，怕二审判完会坐牢。道理他都懂，但能跑到哪去？安抚完他的情绪后，我告诉王某夫妇抓紧写一份悔过书和退缴方案，这才是现在能做的且有效的办法。

5 名被告上诉，王某改判未投监

泛亚案一审判完后，21 名自然人被告中有 16 人服判，单某、张某、王某等 5 人上诉。单某和张某做的仍然是无罪辩护，王某我们改变思路做罪轻辩护。二审法院没开庭，书面审理结案。

我们提交了王某不是直接主管人员的辩护词、王某的悔过书、王某夫妇的退缴方案以及王某的暂予监外执行申请。退缴方案中，王某夫妇上缴了与泛亚公司关联的一家公司股份（价值 600 万元）、夫妻名下一笔300 多万元的信托基金和向亲友借的 100 万元现金，用于弥补泛亚案中被害人的损失。

2019 年 7 月，二审判决出具，上诉的 5 人中，其他人均维持原判，仅王某一人改判，7 年刑改成了 6 年半。当然改判不是重点，重点是法院在判决的时候，就批准了王某监外执行的申请。王某不用被投监，直接保外就医。而假如王某到了监狱后，再申请保外就医，程序冗长，可能没命等到法院批准。有时候就算程序都合法，但病人的生命健康可能就因为一些细微的操作而大有不同，病人最怕的就是拖。

对于本案的结局，王某夫妇很满意。

附：律师辩护词

被告人单某、杨某等 20 人非法吸收公众存款罪一案之 王某无罪辩护词

内容概述

一、昆明泛亚有色金属交易所股份有限公司（以下简称泛亚有色公司）的委托受托业务不符合非法吸收公众存款的特征，不构成非法吸收公众存款罪

第一，从本案资金的使用、流转情况看，进入泛亚有色公司保证金账户的资金是投资人为进行交易而预存的资金，所有权及使用权均属投资人，该资金不具有存款性质，自然不存在对应的吸收存款问题。

1. 从存款的定义看，投资人转入泛亚有色公司保证金账户的资金不属于存款。

2. 从相关金融管理法规看，投资人转入泛亚有色公司保证金账户的资金本质上属于客户备付金，泛亚有色公司不享有财产权，不属存款。

第二，本案中不存在泛亚有色公司向投资人支付利息或固定回报的问题，不符合最高法院司法解释规定的非法吸收公众存款罪的犯罪构成。

1. 本案中的所谓"日金"，是指委托方（借款人）向受托方（投资人）借钱后，在未清偿借款前按日向受托方支付的孳息。日金的"支"与"收"发生在委托方与受托方，泛亚未向投资人支付"日金"

及任何回报。

2. 从受托人收取的"日金"来源，是其参与委托受托交易后按一定比例获取的收益，并非是将资金投入泛亚有色公司保证金账户后得到的固定回报。

3. 从委托受托协议的内容看，泛亚有色公司对投资人做了风险告知，没有承诺自己以货币、实物、股权等方式还本付息或者给付回报。

第三，从委托方与受托方在委托受托业务中的法律关系看，受托人借钱给委托人使用，实质上是双方当事人基于合意利用泛亚平台及规则进行的资金借贷活动，不是泛亚交易所的融资行为。

第四，从云南省交易场所清理整顿领导小组多次出具的相关文函看，泛亚有色公司开展的委托受托业务获得了金融监管部门的实质性批准，其经营活动不具有违法性。

第五，从金融管理机关的管理权限看，委托受托业务是否属于金融业务，是否需要金融管理机关批准，由哪家金融机关批准，法律上缺乏明确界定，法无禁止皆可为，不具有违法性。

二、泛亚有色公司不具有非法吸收公众存款罪的主观故意和客观行为，不构成非法吸收公众存款罪

第一，从设立泛亚有色公司的初衷看，是通过建立有色金属交易平台，活跃市场交易，形成具有重要影响力的国际化有色金属交易市场，争取有色金属交易定价权方面的地位，而不是故意吸收公众存款。

第二，从泛亚有色的审慎态度看，其先后委托北京两家律师事务所对委托受托业务的合法性进行审查。

第三，从接受政府监管看，泛亚有色公司开展委托受托业务系基于对政府批准行为公信力的确信，不存在逃避法律监管的主观故意。

第四，从泛亚有色公司的认知能力看，其不具有非法吸收公众存款的主观故意。

第五，从泛亚有色公司委托受托交易规则的公开性看，其是公开的、透明的，没有对社会和监管机关作任何隐瞒，不符合犯罪行为人隐

瞒事实真相，规避法律追究的一般犯罪规律。

三、大量资金进入泛亚有色公司保证金账户及338亿余元资金无法退还是单某、杨某等违背规则、政府监管不力导致的后果，与王某无关

第一，导致巨额公众资金进入泛亚交易所保证金账户是部分管理人员故意违反交易规则、炒作等诱骗的结果。

1. 有人出于恶意自买自卖，哄抬价格，制造虚假繁荣，引起群羊效应，诱导大量投资资金入场。

2. 网络媒体、电视推介等对泛亚有色公司的大肆炒作，产生巨大轰动效应，误导大量资金入场。

3. 相关部门对泛亚有色公司的过度包装推介，对投资人产生误导。

4. 部分社会知名公众人物的过度渲染炒作对公众产生了重大误导。

5. 某些部门、单位的不当行为过度夸大了泛亚的社会影响力，增加了泛亚的公信度及诱惑力。

第二，本案300多亿元资金无法退还造成巨大经济损失是部分管理人员犯罪行为导致的结果。

1. 公司某些高管授意为泛亚有色公司的某些关联批发商及关联个人手动增加虚拟资金，实质上是挪用或非法占有了投资人的资金。

2. 公司某些高管授意为关联交易商以入库货物代替实际出资，手动添加抵顶资金。

3. 未依委托受托交易规则对违约交易商强制平仓，累积风险加剧。

4. 部分关联公司被人授意未严格执行交易规则规定的20%保证金制度。

5. 违反客户保证金管理办法挪用保证金账户资金。

四、从造成本案危害后果定性的辩护，本案是典型的"合同诈骗"犯罪

本案公安机关立案和逮捕都是"合同诈骗罪"，"合同诈骗罪"包括在履行合同时实施诈骗，单某、杨某等人的行为符合合同诈骗罪的特征。如果按照"非吸"定性本案，那么主要负责人王某应当承担刑事

责任，政府监管人员应该承担玩忽职守的刑事责任，王某不应当承担任何责任。最后请合议庭独立作出王某无罪的判决。

......

......

......

本案虽然看似复杂，卷宗材料达 8000 余册，但究其实质，所涉及的至为关键的问题无非是泛亚有色公司的委托受托业务是否属于金融业务？应否报请中国银行业监督管理委员会批准？进入泛亚有色公司保证金账户的资金是否具有存款性质？泛亚有色公司是否向投资人承诺或给付了固定回报？支付日金回报的主体是委托人还是泛亚有色公司？造成危害后果的真正原因何在？泛亚有色公司经营中的违法违规行为属个人行为还是单位行为等几个问题。辩护人在发言中已依照法律和本案事实与证据对上述问题作了全面论证，我们的结论是：泛亚有色公司金属交易所股份有限公司不构成非法吸收公众存款单位犯罪，被告人王某不属于单位犯罪中直接负责的主管人员，不应受到刑事追究。公诉机关指控的罪名定性错误，不能成立。我们请求审判机关秉持司法公正的法律理念，对本案作出公平公正经得起历史检验的王某无罪的判决。

上述辩护意见，请合议庭慎重考虑。

辩护人：北京市京师律师事务所律师　王发旭

二〇一八年六月三十日

被告人单某、杨某等 20 人非法吸收公众存款罪一案之 王某无罪辩护词

内容概述

一、王某在客观方面没有实施非法吸收公众存款的犯罪行为，不构成非法吸收公众存款罪

1. 王某未参与商议策划非法吸收公众存款的行为，其起草"委托交割受托申报"交易规则讨论稿，系受单位领导指派奉命履行职务，仅为执笔人而不是策划人。

第一，王某只是奉命起草"委托交割受托申报"规则讨论稿，规则内容由单某、郭某设计，其未参与商议策划，更无权决定推行这一交易模式。

第二，"委托交割受托申报"及"委托受托"业务，不具有非法吸收公众存款的性质，王某起草交易规则的行为不属犯罪行为。

关于这一观点的内容，前面的辩护人已经作了充分论述，我不再赘述。

第三，指控王某为委托交割受托申报、委托受托交易规则联合设计人的证据不足。

虽然庭审中公诉人出示的单某、赵某供述说王某是"委托交割受托申报""委托受托"交易规则的策划人，但这些供述与客观事实相悖，不足采信。其一，从本案众多被告人的多次供述看，"委托交割受托申报"规则的模式是单某让王某参照天津渤海交易所、上海黄金交易所的中间仓模式起草的，委托受托交易规则是王某根据郭某提出的以货融资、以资融货等设想起草的，单某、郭某才是该规则的设计人，王某只是根据他们旨意起草交易规则讨论稿的执笔人，不是策划人。其二，单某、赵某的上述供述与他们此前的供述相矛盾，与其他供述相矛盾，与王某本人供述相矛盾，未得到印证。

2. 建立银行通道是任何公司正常经营所必须履行的法定结算程序，王某参与搭建银商通道，与泛亚有色是否吸收公众存款不具有关联性。

第一，从法律对公司资金的管理规定看，公司经营中的资金流动必须通过银行账户进行，客户资金与自有资金严格分开，搭建银商通道设立客户资金账户是公司依法经营的法定要求。

第二，从建立银商通道的时间看，与银行签订的合作协议绝大多数发生在泛亚有色合法经营期间，搭建银商通道属正当合法行为，与公诉机关指控其后发生的"非吸"犯罪行为不存在因果关系。

第三，从王某在搭建银商通道中的作用看，其仅是泛亚有色与银行之间的联系人，对于通道的搭建与否不具有决定权，起诉书认定王某负责搭建银商通道与事实不符。

第四，从银商通道的作用看，只是保障资金流动的真实性，不涉及资金使用合法性的问题，联系搭建者不应对利用该通道实施的犯罪行为负责。

3. 王某起草"委托交割受托申报"交易规则、搭建银商通道，均是受领导指派奉命行事，不具有决定作用，依照最高人民法院司法解释不属于直接负责的单位主管人员。

二、王某在主观方面不具有非法吸收公众存款的犯罪故意，不构成非法吸收公众存款罪

1. 王某参与起草"委托交割受托申报"交易规则的目的是提高现货交易的交割率，并非出于吸收公众存款的故意。

2. 王某联系搭建银商通道的时点，是起诉书指控泛亚有色 2011 年 11 月构成犯罪之前的合法经营期间，无论银商通道此后是否被用于从事犯罪活动，都不能认定其在搭建银商通道时具有犯罪故意。

3. 从泛亚有色交易系统管理权限的设定看，王某在交易系统未被授予管理权，其对他人在本案中实施的损害投资人利益的种种违规违法行为既不知情，更未参与，不存在犯罪的共同故意。

三、王某未参与实施导致投资人资金遭受损失的犯罪行为，本案的危害后果与王某的行为不存在刑法上的因果关系，不应对此承担责任

1. 王某没有参与自买自卖、制造虚假交易、诱导公众投资的行为。据温某供述，本案自买自卖保守估计在 95% 以上，金额大约在 350 亿元，相关书证及证人证言均证明了大量自买自卖的事实，这对于诱导投资人投资及造成危害起到关键作用。

2. 王某没有实施手动添加虚拟资金，违法动用客户资金的行为。据温某供述，手动添加资金的数额在 20 亿—30 亿元，用这些虚拟资金

参与交易或"出金"，实际上是占用或侵吞了投资人资金。

3. 王某没有实施挪用客户资金的行为，没有在泛亚有色经营中牟取任何非法利益。031号司法会计鉴定结论认定193亿余元客户资金被挪用作受托业务，严重危害了投资人资金安全。

4. 王某没有实施对关联交易商"禁止强平"的违规操作。根据钱某证言及《风险客户排除名单》，被禁止强平的会员达159个，公诉人在法庭上的举证证明因禁止强平而产生的负数总额达62亿余元。这些资金负数最终以投资人的资金填补，给投资人造成巨大损失。

5. 王某没有实施违规降低关联交易商保证金比例的行为。按照王某起草的交易规则，进行委托业务交易时必须缴纳20%的保证金，后被个别高管私自改为15%—10%，甚至可以以货充抵，大大降低了防范风险的能力，是本案338亿余元无法退回的重要原因。

6. 导致本案危害后果的诸多原因发生在王某从泛亚有色辞职之后，王某不应对其离职后发生的行为与后果承担责任。关于这一点，王某在自我辩护中已经作了详细说明，辩护人不再赘述。

通过上述分析可以看出，自买自卖、手动添加虚拟资金、禁止强平、挪用客户资金、降低关联交易商保证金比例等违背交易规则的行为涉及的数额巨大，是导致本案338亿元资金无法退回的根本原因，王某没有参与上述违法违规行为，不应当对由此发生的危害后果承担责任。

总之，王某在本案中主观上没有非法吸收公众存款的犯罪故意，客观上没有实施危害社会与投资人利益的行为，本案的危害结果与王某的行为不存在因果关系，不应受到刑事追究，故请求法庭宣告王某无罪。

……

……

……

综合分析本案危害后果发生的原因，不是委托受托业务及交易规则所致，除了诸多社会因素外，单某等泛亚有色高管及五大系部分被告人的人为违法操纵操作不能不说是最直接最重要的原因。辩护人不否认在泛亚有色经营过程中存在犯罪行为，根据"罪责自负"不株连无辜的刑法原则，应当由实施犯罪的行为人按照行为性质对所发生的危害社会后果承担法律责任，不应当加害无辜。在本案中，王某虽然奉命参与"委托交割受托申报""委托受托"交易规则的起草及银商通道的搭建，但其主观方面没有与被告单位及其他被告人实施犯罪的共同故意，客观方面没有与被告单位及其他被告人实施犯罪的共同行为，王某的行为与本案的危害后果之间不存在刑法上的因果联系，其不属刑法规定的对单位犯罪"直接负责的主管人员"，不应受到刑事追究。我们恳请审判机关明察本案事实，客观分析本案的发生、发展过程及危害后果的产生原因，准确认定行为人的责任，对本案作出公平公正经得起历史评价的判决。基于此，辩护人请求某市中级人民法院宣告被告人王某无罪。

上述辩护意见，请予采纳。

北京市京师律师事务所律师　袁方起

二〇一八年七月一日

第四章 甘肃王某鼎被控职务侵占案
——刑民双赢

作为专业刑辩律师，在办案子的过程中，我以自己的名义举报个别办案人员违法也是罕见的。甘肃企业家王某鼎被"造"假案，被当地检察院以"职务侵占罪"起诉一事即是一例。

王某鼎被指控"职务侵占"自己的企业，而他的企业在甘肃省定西市某县，被当地司法机关"指鹿为马"，在铁一样的证据事实面前，仍然被认定为当地某富商的企业。

我于2020年2月介入王某鼎案，彼时王某鼎职务侵占案正处于某县法院立案阶段。从介入案子，我就开始控告武某斌，以及与其相互勾结的某富商和相关办案人员，我的控告一直持续到王某鼎刑事案几年之后的民事纠纷。控告最激烈的时候，我当庭举报了某县法院里，与公安机关和检察官联合伪造证据、违法办案的法官。

2020年2月，武某斌因涉嫌严重违纪违法，先被甘肃省纪委监委调查，后被移送司法机关。2020年11月，武某斌因受贿罪被判刑10年。随着武某斌的落马，其联手临洮某富商制造的王某鼎"职务侵占罪"假案迎来相对公平的审判。

公诉机关原本指控王某鼎职务侵占近亿元的资产，法定刑在10年以上。2020年中，王某鼎刑案一审公开庭审，合议庭取消了原本当庭宣判的决定，并于2020年9月28日作出一审判决。判决认定王某鼎不构成"职务侵占罪"，而构成"伪造公司印章罪"，判处刑期2年6个月。之后公诉人抗诉，二审法院依然维持一审判决。

刑事案结，但王某鼎被某富商侵占的企业还需要夺回。2022年，我接着代理王某鼎的股权确认之诉，一审法院同样是某县法院。民事案中，因为一些原因，承办法官拿着王某鼎生效的刑事判决书，却仍然罔顾事实裁判。我依然对相关办案人员进行控告，民事二审，王某鼎终于夺回自己资产上亿元的企业。

王某鼎案，在甘肃省反响极大，刑案一审审判长因为刚正办案而得到了晋升。王某鼎案刑民双赢，不只还给了企业家公道，更是印证了我办案组合拳的有效辩护之道，给了我极大的正向反馈。回首此案，那些走对了的关键步骤，值得跟大家分享。

祸起亲友：为避税亲戚间假"代持"企业股权

2013 年底，有工程建设经验的王某鼎在其岳父裴某滨的引荐下，与其岳父的哥哥裴某江洽谈购买巍雅斯公司名下土地进行房地产开发。

巍雅斯公司全名巍雅斯名表眼镜有限公司，是甘肃某县本地的企业，后经几十年发展，在全国开了几百家连锁店和商城。巍雅斯公司在甘肃省甚至是全国都是著名企业，裴某江则是巍雅斯公司的实控人，任董事长。而王某鼎与巍雅斯公司后来近 4 年纠纷，包括刑事和民事，在甘肃省内备受关注。

2013 年底，在王某鼎和裴某江洽谈收购土地的时候，巍雅斯公司名下持有 21.72 亩土地（成本价 200 多万元），但因巍雅斯公司自身没有房地产开发资质，裴某江很有出售的意向。为此，2014 年 11 月，王某鼎成立了独资企业中晖房地产公司，注册资本 1000 万元，从事住宅房地产开发，就是为了承接巍雅斯土地的房地产开发事宜。

王某鼎与裴某江最终约定土地售价每亩 100 万元，共计 2200 万元。但当裴某江得知土地定价 2200 万元，要交的增值税 300 万元，裴某江不愿意以直接买卖的方式出售土地。为了达到避税的目的，2015 年 4 月 9 日，裴某江授意巍雅斯公司出具土地评估《委托书》，委托咨询公司对土地作出每亩 28 万元，总价 610.11 万元的评估报告。2015 年 4 月 15 日，王某鼎和裴某江以 610.11 万元价格签订《土地转让协议》（用于避税），私下约定土地总价仍为 2200 万元。

《土地转让协议》签订后，裴某江给当地税务机关领导打电话，安排王某鼎上门咨询纳税额。税务局计算的结果是，裴某江应纳税额 90 多万元，王某鼎应纳税额 10 万多元。裴某江对这个结果仍不满意，便找到了自己的"密友"武某斌。

裴某江让武某斌帮着找某县主要领导人，希望免交或减少税款，裴某江等了十几天没有回应。后裴某江与武某斌商议得知，如果将中晖公司合并到巍雅斯公司旗下，则不用缴纳全部税款。裴某江又找王某鼎商议，裴某江提出做一份假的《股权转让协议》，由巍雅斯公司"购买"王某鼎的中晖公司。"股权转让协议"约定，合同签订之日起三日内，巍雅斯公司支付 1000 万元给王某鼎，用于购买王某鼎的中晖房地产公司 100% 股权。2015 年 7 月 2 日，出于对亲戚的信任，王某鼎和巍雅斯公司签订了这份虚假的《股权转让协议》。

裴某江的思路是这样的：中晖公司成为巍雅斯公司的全资子公司，巍雅斯公司再向子公司出让土地，母子公司之间的资产转让，就不涉及交增值税款。王某鼎通过中晖公司给巍雅斯公司明面上转"610 万元"土地转让款，私下再给裴某江转"1500 多万元"的土地款差价。等裴某江收到 2200 万元土地款全款后，再将中晖公司股东变更为王某鼎。

实际上就是这么操作的，一切就是为了避税。假《股权转让协议》签订后，2015 年 7 月 17 日，王某鼎配合裴某江进行了工商变更登记，将巍雅斯公司登记成了中晖公司的 100% 控股股东，将裴某江登记为中晖公司法人代表和董事长。王某鼎明面上退出中晖公司，但仍然全盘掌控中晖公司，巍雅斯公司没有向王某鼎支付过"1000 万元"的股权转让款，也没有派人接管过中晖公司，更没有过问过中晖公司的财务状况。对于中晖公司的员工来说，王某鼎一直是公司的控股股东、实控人和董事长，中晖公司的人、财、事权等还是王某鼎一个人说了算，中晖公司的员工们在公司里甚至没听说过"巍雅斯"。

2015 年 7 月 20 日，巍雅斯的土地转让到中晖公司名下。同时，为了扩大裴某江的巍雅斯名表眼镜有限公司的影响力，裴某江和王某鼎议定，王某鼎新开发小区命名为巍雅斯花园小区，在那个亲属关系融洽的时光，这一切都不会让人多想。

另外，因王某鼎开发巍雅思花园小区仍需要大量资金，裴某江和其亲属（大多为巍雅思公司的股东）认为有利可图，也为了支持王某鼎，还通过个人账户和巍雅斯公司账户，向王某鼎共计出借了2867.06万元的借款，约定利息年化6%，用于开发巍雅斯花园小区。负责操作借款给王某鼎的是裴某江的亲妹妹裴某玲，裴某玲任巍雅斯公司的出纳，2867.06万元的借款中有1700多万元是裴某玲从巍雅斯公司账户上挪用的。

2016年1月29日，巍雅斯花园小区售房手续陆续办理齐全之后，中晖公司的法定代表人恢复为王某鼎，但是股权登记并未恢复。从2015年动工到2018年底，王某鼎带着自己的施工和销售团队，把巍雅斯花园小区建成了在当地颇为引人注目的住宅小区，房屋大部分均售出。因2016年至2018年是中国房地产市场发展的又一次高峰，王某鼎收益颇丰。

省高官"插手"，假戏真做抢夺亿元企业

王某鼎一边销售房屋一边向裴某江和裴家的债权人支付土地款和借款（及利息）。至2018年中，王某鼎通过个人账户和中晖公司账户转给裴某江和裴家债权人共计3900多万元的款。裴某江的土地款是2200万元，裴家债权人的借款是2867.06万元，此前在2014年，裴某江还安排裴某玲给王某鼎打过460万元的借款。因此至2018年年中，王某鼎还了3900万元款后，总计还欠裴家人1660多万元的款（含利息），包括土地款和借款。

因为房地产行业的火热，2018年，王某鼎在甘肃省张掖市民乐县又上马了新项目，因此偿还裴家人的借款利息和土地款余额就显得力不从心。

此外，在做新项目的过程中，即2018年7月，王某鼎在中晖公司的股权登记尚未恢复，为满足相关方急于做尽调的要求，王某鼎要求裴某江盖章变更中晖公司股权，裴某江称管理公章的人外出几日，若急用让王某鼎像往常一样"自己看着办"。

在王某鼎和裴某江几年的合作中，裴某江多次授意王某鼎在公司业务中代其签字，再由巍雅斯公司事后盖章。此次中晖公司变更股权与前几次没有区别，于是，王某鼎便让中晖公司副经理另行刻制了巍雅斯公司的公章，之后拿着章，去工商部门办理了中晖公司的股权变更（恢复）登记。

2018 年 8 月 8 日，中晖公司 100% 控股股东由巍雅斯公司恢复成王某鼎。

王某鼎意会裴某江"私刻公章"的这一操作，为一年后武某斌制造王某鼎"职务侵占罪"假案，裴某江"鸠占鹊巢"中晖公司，埋下了伏笔。

2018 年下半年，裴家人因看着王某鼎生意越做越大，说好的借款利息和土地款余额却迟迟没给，他们觉得王某鼎忘恩负义，于是单方面把借款利息从先前约定的 6% 提高到 12%，另一边一直催促王某鼎偿还现金。王某鼎和裴家人双方关系渐趋紧张。

按照裴家人调高了一倍借款利息算，王某鼎要多支付 800 多万元的利息。出于对裴家人借钱的感恩，王某鼎最后还是答应了他们的要求。但是由于其他项目在建，王某鼎现金十分紧张腾不出钱，王某鼎要求顶给对方部分商铺，再还一些现钱，裴家人并不同意。

这时，一直与裴家交情匪浅的武某斌冲上了前台。

2018 年底，武某斌在兰州巍雅斯公司 17 楼对王某鼎还款一事进行"调解"，在场人有裴家债权人代表 2 人、王某鼎、武某斌等共 5 人。"调解"的结果是，王某鼎多支付 800 多万元的利息，裴家人拒绝商铺，只要现金。武某斌要求王某鼎抓紧卖商铺，分三次还清欠款。

"调解"时，裴某江让王某鼎送一套 16 层采光好的房子给武某斌，但当时巍雅思花园小区 16 楼已经出售，只有 15 楼。武某斌知道后对王某鼎说，15 楼不吉利，不要。王某鼎回忆说，当时武某斌的脸色很难看。

遗憾的是，王某鼎的铺面没有那么快售出，一时无力还清土地款及借款余额，无法兑现"调解会"上的承诺。之后王某鼎便听到，武某斌放话要对他采取严厉的措施，裴家人也因此曾公开对王某鼎说，若不立即还钱，会受到报应。

2019 年 3 月，裴某江给王某鼎妻子打电话威胁，称要把王某鼎抓起来。果不其然，很快某县监委便对中晖公司进行全面审计。由于中晖公司法定代表人和股权曾经过户到巍雅斯公司名下，存在相关工商记录；王某鼎意会裴某江"自己看着办"，从而刻制巍雅斯公司公章进行股权变更。某县遂将王某鼎和中晖公司副经理、出纳 3 人抓捕，要以"职务侵占罪"定他们的罪，并要求王某鼎交出中晖公司的全部财产。

2019 年 7 月 16 日，某县公安局对监委移交的王某鼎职务侵占案件立案侦查。

甘肃本地律师写下遗嘱以防不测

王某鼎于 2019 年 7 月 18 日被某县公安机关刑拘。

2019 年 8 月 20 日，王某鼎在某县公安机关的诱导下，签字提交了"取保候审申请书"。"申请书"并非王某鼎书写，而是由某县公安机关几易其稿形成。这份"取保候审申请书"其实是一份赤裸裸的"认罪书"，内容是王某鼎承认私刻公章侵占巍雅斯的公司。某县公安机关拿着这份"取保候审申请书"给王某鼎及其家人做工作，要其交财产、交公司，之后会放人。

2019 年 8 月 23 日，刑拘到期，王某鼎被逮捕。

2019 年 8 月 30 日，某县公安局办案警官带着裴某江的女婿杨某辉来到中晖公司，要交接公司财产。中晖公司临时负责人要求公安局出一份移交公司的手续，办案警官说出不了手续，他们仅负责协调。因为无手续，王某鼎刑案第一轮由公安机关帮忙"抢夺"公司以失败告终。

2019 年 9 月 10 日，王某鼎父亲委托甘肃本地的彭新莲律师作为王某鼎辩护人。彭律师介入的时候，王某鼎被羁押在某县看守所，还在公安侦查阶段。彭律师为王某鼎案做了大量工作，为后期我们介入本案后提供了强大的助力。

彭律师调取了王某鼎还款记录（证明与裴家人资金往来的性质是借款）、巍雅斯公司出具土地评估《委托书》、土地评估报告、"610 万元"的《土地转让协议》。同时彭律师还积极取证，包括四位中晖公司员工书写的证明（证明他们受雇于中晖公司，中晖公司与巍雅斯公司没有关系）、与中晖公司员工的通话录音（证明员工受雇于中晖公司，与巍雅斯公司没有关系）。

在还没看到卷宗材料的时候，凭着自己取证的内容，彭新莲律师已经有了对事实的基本判断，即中晖公司就是王某鼎的，王某鼎从巍雅斯公司购买 22 亩土地用于房地产开发，尚欠部分土地款和利息没有还清，这个案子是典型的经济纠纷。

公检法联合做假证，法院三次发函要求"补充侦查"

2019年10月17日，王某鼎刑案由某县公安局移送某县检察院审查起诉。

彭新莲律师通过阅卷很快就发现了问题，即当地干预办案。王某鼎案是先由某县监委调取四本卷宗，后将案件移送至某县公安局继续侦查，移送后某县监委还继续做了鉴定报告。卷宗材料印证了侦查阶段办案警官对王某鼎说的话，"不要乱花钱请律师，你连1%胜诉的可能性都没有，赶快交财产，争取给你判缓刑。"在审查起诉阶段，办案检察官又对王某鼎说："把资产交了并认罪，可以争取判缓刑，最多能判4年。"

王某鼎和家属以及彭新莲律师不但没有被吓倒，反而斗志越发坚定，他们紧急赶到北京找刑事律师支援。王某鼎案第二轮由检察官帮忙"抢夺"公司又以失败告终。

家属一开始找的是北京市京都律师事务所我的一个朋友，但京都所对于对抗性比较强的案子持保守态度，我这个朋友转而把我推荐给了家属。

以彭律师前期准备的大量工作为基础，我接手王某鼎的案子后很快找到重点。指控王某鼎职务侵占罪的重要证据有"工商变更记录""王某鼎私刻公章"，还有一项关键证据是标注为2015年1月17日形成的巍雅斯公司的"董事会决议"。在这份"董事会决议"里，王某鼎成了巍雅斯公司指派在中晖公司负责巍雅斯花园小区项目的负责人；由裴某玲操作借给王某鼎的2867.06万元借款，变成了巍雅斯公司股东对中晖公司项目的投资款。

"董事会决议"内容显示：

"收购中晖公司股权的资金及开发巍雅斯花园启动资金，由各股东动员亲朋好友筹集，回报率8%，以个人名义汇给中晖公司。售房取得收入后向王某鼎支付1000万元，授权王某鼎在董事会领导下负责巍雅斯花园建设的相关工作。"

其中，由裴某玲操作借给王某鼎2867.06万元的借款，变成了巍雅斯股东筹集的"启动资金"，即对项目的投资款。如果2867.06万元真的是投资款，哪家公司投资款竟然是有零有整，而不是一个整数？"回报率8%"与我介入后取证到的裴某玲与王某鼎之间全部"对账单"相矛盾，"对账单"显示，借款利息先是6%，后增加到12%。

"收购中晖公司股权的资金由各股东动员亲朋好友筹集汇给中晖公司"与"售房取得收入后支付"则是根本矛盾。哪有收购公司支付股金给空头支票的？还是以这家公司的未来收入支付？矛盾之处就在于：假如公司未来收入能支付股权对价，那王某鼎为什么要卖公司？如果公司未来收入不能支付股权对价，那王某鼎就拿不到卖公司的钱，那他为什么要卖公司？还有，成立公司是注册认缴制，中晖公司注册认缴金额是1000万元，实际王某鼎在2015年的投入只有几万元，巍雅斯公司为什么要用100多倍溢价购买刚成立、还没有业务的中晖公司？

我介入案件时，这份"董事会决议"为打印版，但也能看出内容前后矛盾、与全案证据矛盾、与现实逻辑矛盾。所以结论只能是：这份"董事会决议"并非巍雅斯公司于2015年1月17日形成的，而是裴某江伪造的。裴某江本来只想要回1600万元，但"指鹿为马"的操作却能侵占王某鼎近亿元的资产，或许是因为武某斌这个保护伞，裴某江才会如此大胆地伪造证据。

我是从已经固定好的证据内容上，间接看出"董事会决议"有问题，而彭新莲律师比我早介入案子，彭律师说："我看到的卷宗，已经是检察院三次补充侦查的新材料，不是原始卷宗。"

彭律师说，某县公安局补充的11、12、13卷是完全依据她提供的材料进行的补充，连秩序都没有变。最让彭律师感到惊讶的，是本案的核心证据——巍雅斯公司2015年1月17日的"董事会决议"。彭律师说，在公安机关补充侦查前，"董事会决议"是裴某川（巍雅斯公司董事）在活页纸上手写的，几乎没办法看清楚写的什么内容，现在堂而皇之地变成了打印件，而且股东均签字，日期标注为2015年1月17日，裴某川在笔录里承认股东签字是2018年底补的。彭律师说，这所谓的"董事会决议"显然是2019年12月24日以后杜撰的产物。

我和彭新莲律师都向法院申请对这份"董事会决议"的签字时间进行鉴定，鉴定笔迹是 2018 年底形成还是 2019 年底形成的，如果是两年之内形成的就能鉴定出来，兰州市就有许多鉴定机构可以做。

在我们的申请下，某县公安机关却决定委托鉴定决议的笔迹是否是 2015 年 1 月 17 日形成的。某县公安机关这是顾左右而言他的做法，我们申请的是鉴定笔迹是否如裴某川所说，是 2018 年底补签的，还是 2019 年伪造的。临洮公安局的做法，只能使我们更加确定"董事会决议"的签字是 2019 年伪造的。

在第 12 卷中，还出现了三份某县法院指导某县检察院的《补充侦查函》。以第一份《补充侦查函》为例，是某县法院于 2019 年 12 月 16 日作出，内容为"经审查，案卷中部分证据不足，对认定本案事实、量刑有影响，依据刑事诉讼法有关规定，现由你院补充侦查以下事项，并在 15 日内报送本院。"

2019 年 12 月 16 日，按照施行的 2012 年的刑事诉讼法司法解释第 226 条规定，审判期间，被告人提出新的立功线索的，人民法院才可以建议人民检察院补充侦查。也就是说按法条规定，只有对被告人有利的情形，法院才能"建议"检察院补充侦查。

从法理上来说，法院是居中裁判者，无权也不准许要求检察院补充侦查，除非是公诉机关申请延期审理、补充侦查，经法院裁定准许后才可以补充侦查；如果公诉机关不申请，法院只能依法作出"证据不足，起诉的犯罪不能成立"的无罪判决。

某县法院要求检察院补充侦查并指导侦查，与居中裁判者的身份格格不入。如果当地公检法三家是"合作"给人定罪，而不是互相监督、制约，那就是严重的违法行为。

检察院不起诉决定后又公诉，辩护人当庭驳起诉书"八大"错误

2019 年 11 月 26 日，某县检察院对王某鼎提起公诉。在起诉前，某县检察院还宣传过对王某鼎的"不起诉决定"。

因检察院第二轮帮忙"抢夺"王某鼎公司以失败告终，王某鼎被诉至法院，某县检察院紧急撤掉了宣传文章。但宣传文章还是被彭新莲律师固定取了证，后彭律师提交至法院，希望法院尽快释放王某鼎。但没想到一审庭前会议时，公诉人拿了另一份一个名叫王某文嫌疑人的"不起诉决定书"，与王某鼎案毫不相干，意图蒙混过关、掩盖曾经将王某鼎不起诉的决定。某县检察院此行为系泄露公民信息，我与彭新莲律师及时取证，并对该检察院进行了举报。

2020年2月，武某斌因受贿罪被移送司法机关，2020年5月，王某鼎"职务侵占案"一审开庭。王某鼎案影响很大，因为破除了武某斌这个人为因素干扰，之后法院的审判对比之前的公安局和检察院阶段，明显回归法律本身。

我们提交给法庭的、从王某鼎手机上取证到他和裴某玲的对账单，证明2867.06万元是借款而不是投资款，被法庭采信。我们还向法院提交了裴某玲与王某鼎的多次聊天记录，记录显示裴某玲一直在催王某鼎还款，对此公诉人也认可证据的真实性。

王某鼎案一审庭审给了我们辩护人充分的发挥空间，庭审两天，我们直接驳斥了起诉书中认定事实的"八大"根本错误，以下为我提交的一审辩护词中"八大"根本错误摘选：

第一处根本错误："2015年1月17日，巍雅斯公司因开发巍雅斯花园小区需要，经董事会股东会决议以1000万元收购王某鼎拥有的中晖房地产开发有限公司100%的股权"，该处认定主要依据巍雅斯公司《2015年1月17日董事会决议》（补充侦查卷11第23—24页，卷12第28—29页），该决议与客观事实不符，系巍雅斯公司伪造。

第一，《2015年1月17日董事会决议》显示，巍雅斯公司以1000万元收购王某鼎拥有的中晖房地产开发有限公司100%的股权的内容，目的是将中晖公司变更在巍雅斯公司名下以规避出让土地缴纳增值税，否则就不会出现当时即2015年1月17日《董事会决议》董事都没有签字的情况，根据公司法第一百一十条，董事会作出决议，必须经全体董事的过半数通过，巍雅斯公司作为甘肃省知名大企业，不可能存在董事会成员对收购的重大事项遗漏签字问题，不符合常理。该《股东会决议》的目的或者是王某鼎和裴某江私下沟通后，在董事会上简单交代一下；或者是2018年底为了催促王某鼎还款，伪造决议，以追究王某鼎刑事责任为手段，达到让王某鼎还款和侵吞中晖公司的目的。

第二，声称是2015年1月17日的《董事会决议》的记录人裴某川在笔录中陈述，2015年1月17日的《董事会决议》的董事会签字是"从2018年底开始才签字确认的"（卷1第225页）。此时正处于王某鼎的经济困难，没有及时还款，双方僵持之际，由此巍雅斯公司目的显而易见，伪造证据就是为了追究王某鼎的刑事责任，进而侵吞王某鼎的中晖公司。因为公安机关故意委托鉴定是否2015年1月17日时间形成，而我方申请鉴定该决议是2018年底形成还是2019年底形成，公安机关顾左右而言他的做法，让我们怀疑该决议就是2019年底形成。对如此重大事件，当时作为巍雅斯公司第二大股东、维修总监的裴某滨，完全不知道此事，更是违背常理的。

第三，《2015年1月17日董事会决议》显示："收购中晖公司股权的资金及开发巍雅斯花园启动资金，由各股东动员亲朋好友筹集，回报率8%，以个人名义汇给中晖公司。售房取得收入后向王某鼎支付1000万元，授权王某鼎负责巍雅斯花园建设的相关工作。"

上述内容明显前后矛盾，收购中晖公司股权的资金由各股东动员亲朋好友筹集汇给中晖公司与售房取得收入后支付是根本矛盾的，回报率8%与裴某玲对账单显示先是6%，后增加到12%相矛盾，所以该《董事会决议》并非巍雅斯公司2015年1月17日形成的决议，显然为了陷害王某鼎进而侵吞王某鼎的中晖公司伪造的，伪造事件最早也是在2018年底，又或者是在彭新莲律师举出关键证据后的2019年底才伪造的。

第四，王某鼎陈述："将中晖公司作为巍雅斯公司的子公司，可以免除土地转让的交易税。"当时王某鼎就和裴某江商量约定股权1000万中晖公司从形式上转让给裴某江（卷一p29），其并不是真正的转让。

第二处根本错误："使巍雅斯公司成为中晖公司的母公司，用巍雅斯花园住宅小区商品房销售获利支付收购王某鼎中晖房地产公司股权的1000万元"，该处明显与事实和常理不符。

第一，"用项目获利支付股权对价"本身就违背常理，支付王某鼎1000万元就是股权对价，是王某鼎应得的，而商品房是否能够获利还是个未知数，这个附条件的条款表明"如果商品房不获利，王某鼎相当于白送中晖公司给巍雅斯公司"，这显然违背常理。

第二，王某鼎成立中晖公司只花费了10万余元，裴某江愿意用1000万元收购中晖公司，更是不符合常理。

第三，卷宗材料及询问中晖公司会计了解到，中晖公司存续期间从未对账目资金进行过审计和清算，更未找过专业事务所对其账目进行清算，若巍雅斯公司真实收购中晖公司怎会没有资产清点和交接？支出1000万元，却对该公司是盈是亏毫不知情，即便王某鼎粗心不审计公司账目，那么裴某江作为一个大企业的老总真的也对所收购公司的资产状况毫不在意？真的就不怕接受一个外债累累的烫手山芋？

第四，巍雅斯公司收购中晖公司成为其母公司，且要用获利支付王某鼎股权对价，按照常理巍雅斯公司要对中晖公司起码在人员管理和财务管理上予以把控，但是事实上，从巍雅斯小区建设到2018年底房屋基本售罄，涉及上亿元资产，巍雅斯公司自始至终不闻不问，即使是亲属，作为子公司的负责人，起码年底也要向母公司进行年终汇报，在案均未显示相关证据，反而在案证据可以证明巍雅斯公司裴某江和裴某玲只关心还款问题。所以，中晖公司并非真正是巍雅斯公司的子公司。

第三处根本错误："还决议以巍雅斯公司及公司股东个人名义共向中晖出资2867.06万元"，此处与实物证据不符，与基本事实不符，相关证据已提交法庭。

第一，《2015年1月17日董事会决议》上，并未有决议投资2867.06万元事项。若该2867.06万元为巍雅斯公司投资，为何投资额有零有整（精确到小数点后两位），为何不直接投资一个整数？

第二，《2015年1月17日董事会决议》第11项，"收购中晖公司股权的资金及开发巍雅斯花园启动资金，由各股东动员亲朋好友筹集，回报率

8%，以个人名义汇给中晖公司"。其中并未显示要以巍雅斯公司名义投资，而事实上是裴某玲为了借款给王某鼎的中晖公司获得利息，私自挪用巍雅斯公司资金，为了弥补漏洞，裴某江担心裴某玲被追究刑事责任，说成是以公司名义借款，在裴某江给王某鼎的短信上和裴某玲给王某鼎的短信上均有印证。如果真的是巍雅斯公司要投资，完全可以公户转账到中晖公司，故起诉书认定的事实根本错误，系裴某玲等人为了获得利息出借给王某鼎的中晖公司的借款。

第三，裴某玲等人在 2014 年 12 月就开始向中晖公司汇款，按照《2015 年 1 月 17 日董事会决议》的说法，还将借款说成启动资金，证据显示裴某玲等人在 2014 年 12 月就开始向中晖公司汇款，该时间在董事会决议之前，在案并未有证据证实巍雅斯公司要向中晖公司注入启动资金的事项，所以，裴某江的解释是站不住脚的，只能说明 2014 年 12 月的汇款，是王某鼎向裴某玲等个人借款而非巍雅斯公司对中晖公司的投资。进一步证明《2015 年 1 月 17 日董事会决议》是伪造的，是不真实的，收购中晖公司和投资是假的，是为了追究王某鼎的刑事责任进而侵吞王某鼎的中晖公司伪造的，土地转让给中晖公司和借款是真实的客观事实。

第四，王某鼎在笔录中称："到了 2014 年 12 月，就启动巍雅斯小区建设，并在建设期间通过贷款、借款等方式筹集建设。"（卷一 p53）印证了裴某玲等人在 2014 年 12 月开始出借资金给王某鼎并汇款的情况，进一步确定，裴某玲与王某鼎之间来往的款项就是借款。

第四处根本错误："将巍雅斯公司名下的食品公司总部土地使用权变更在中晖公司名下用于开发巍雅斯花园住宅小区"，该处认定与事实不符。

第一，《2015 年 1 月 17 日董事会决议》中并未体现上述内容，而起诉书认定是董事会决议，系无源之水。

第二，土地转让为有偿转让，有偿转让需要缴纳增值税，王某鼎和裴某江商量以 100 万元一亩的价格，共计 2200 万元价格卖给王某鼎，为了合理避税就委托甘肃新方圆不动产评估咨询公司做了评估报告，当时还签订了 610.11 万元的土地转让协议，但是裴某江还嫌税款高，就捏造了一套收购中晖公司的手续，做到成功避税。上述事实可以由巍雅斯公司授权委托的《委托书》（卷三 p96）、《评估报告》和《土地转让协议》（卷三 128）为证，即使裴某江和杜某平在笔录中对授权土地评估的《委托书》和《土地转让协议》有异议，但是有巍雅斯公司公章为证，该书证证明力效力远远超过其他证据的证明力，更不能用杜某平前后三次自相矛盾的笔录内容就否定了巍雅斯公司委托评估土地和签订土地转让协议的确凿事实。

第三，从裴某玲发给王某鼎的对账单，可以显示土地出让价格 2200 万元（见公证书卷七 p9—10），如果中晖公司真是巍雅斯公司的子公司不需要这样催促还款。裴某江在笔录中还说土地转让金 3200 万元，明显是作出不同于对账单，且与实物证据不符的虚假陈述，同时可以证明该案完全是以裴某江为中心的犯罪集团共同伪造的假案。

第五处根本错误："委派王某鼎为开发巍雅斯花园小区项目负责人"，根本错误。

实则王某鼎不仅是巍雅斯花园小区项目负责人还是中晖公司的负责人，因为中晖公司并未实际被巍雅斯公司收购。

第一，自始至终都没有巍雅斯公司或者巍雅斯公司以中晖公司名义与王某鼎签订过劳动合同，亦没有向王某鼎发过工资，缴纳过社保等公司聘用员工应该履行的基本义务，也没有约定年薪还是与效益挂钩的薪酬支付方式。王某鼎不会白白付出还自己掏腰包往项目里垫钱，进一步说明巍雅斯公司对王某鼎的委派是根本不存在的，是裴某江等人共同编造的故事。

第二，中晖公司员工证言均证明巍雅斯公司人员从未参与过中晖公司的管理和财务，员工均不认识巍雅斯公司的人，也从未听说过中晖公司实际上变更为巍雅斯公司的子公司这件事。

第三，如巍雅斯公司主张，以 1000 万元的价格收购中晖公司，需要销售营利后支付，王某鼎只是项目负责人，那么王某鼎没有理由个人出资537 万元现金投资在建设该小区上，且没有任何投资的手续，完全不符合常理。（卷七 p214《审计报告》和卷八 p188）

第四，王某鼎在笔录中称不是裴某江委派的，因为当时其就是巍雅斯花园小区项目建设的负责人，与辩护人主张相一致，与该案证据形成完整证据链。（卷一 p51）

第六处根本错误："2016 年 1 月 15 日，经巍雅斯公司董事会决定，解除裴某江中晖公司执行董事、法人及经理职务，同时委派王某鼎担任。"也是根本错误的。

首先，2016 年 1 月 15 日，《甘肃中晖房地产开发有限公司委派书》是显示甘肃中晖房地产开发有限公司会议决定，而不是经巍雅斯公司董事会决定。

其次，此处并非是经董事会决定，而是由裴某江个人决定的，已由裴某江在第二次笔录中陈述确认的："2016 年 1 月 29 日的变更，是我同意的，具体怎么做我没有参与，委托王某鼎全权代理，当时在一份委托协议上盖章时，我让财务杜某平盖的，签字我没有签，我是授权，没有经过董事会商议。"裴某江的描述既与董事会决议相矛盾，进一步印证了诸多类似事情，均是没有经过董事会同意，私下与王某鼎商量决定的，应包括《2015 年 1 月 17 日的董事会决议》、土地评估《委托书》、《土地转让协议》以及 2018 年 7 月 25 日《股权变更》等，都是裴某江决定让王某鼎完成的，他人代裴某江签字是裴某江概括性授权。

最后，裴某伟证明 2016 年 1 月 29 日将中晖公司法人转到王某鼎名下，并任命其为巍雅斯小区负责人，没有明确委托王某鼎为项目负责人的文件（卷一 p258）。

可见，2016 年 1 月 3 日的董事会决议及董事开会的记录都是伪造的。

第七处根本错误："2018 年 7 月 25 日，王某鼎未经裴某江及巍雅斯公司董事会成员同意，授意中晖王某、韦某华伪造巍雅斯公司公章，代签裴某江签字进行股权变更。"此指控认定的事实亦与事实不符。

第一，王某鼎笔录中陈述："是我和裴某江协商的，裴某江口头同意的，经没经股东大会同意我不知道，后来我委派我公司王某和韦某华在工商局办理的，是经我同意的。"（卷一 p54）王某鼎与裴某江私下决定，比如工商登记中晖公司变更为巍雅斯公司的子公司裴某江的签字是代签的，比如中晖公司的法人从裴某江变更为王某鼎也是他人代裴某江签字，上面裴某江的笔录已经证实这些事实，在此不再赘述。

第二，2018 年 7 月变更至 2019 年 7 月王某鼎被采取强制措施，其间近一年的时间，在案证据均未显示过巍雅斯公司向王某鼎或者工商局主张过要变更回股权到巍雅斯名下的请求，而只是要求还钱，从公证书中裴某玲与王某鼎的对话，王某鼎给裴某江的短信，裴某江给裴某滨的微信，裴某滨给王某鼎的微信，均是在谈论还钱的事。很明显对股权变更为王某鼎所有都没有持反对意见，只不过因为还款时间和金额，双方闹得不愉快，王某鼎与裴某伟的短信截屏中，既有"小心遭报应"的字眼（卷七p185），也有王某鼎主动想找裴某江解决事情说明情况的信息，但是裴某江不予理会，因为裴某江已决心找武某斌利用公权力制作假案"报应"王某鼎，指导该县监委对中晖公司的财产司法鉴定等工作做完。随后2019年7月18日王某鼎就被采取强制措施。

第八处根本错误："王某鼎等三人利用职务之便侵占应属巍雅斯公司9000余万元（近亿元）"，与事实严重不符。

第一，上述系列事实足以证明中晖公司实际不是巍雅斯的子公司，系王某鼎个人所有。

第二，单纯从认定犯罪数额上分析，即使根据裴某江陈述逻辑推算，土地价值3200万元（注：对账单账面登记实际2200万元，已还2000万元，尚欠200万元，卷七p9），借款2867.06万元和前期借款460万元，实际中晖公司已经返还3900多万元，也就是尚欠巍雅斯公司土地款及裴某玲等人借款1600多万元，作为巍雅斯公司都没有主张9000余万元，公诉机关为何要如此推理，显然是与事实不符，对于王某鼎涉案标的额进行推波助澜。

综上，八处根本错误与在案证据证明的事实根本不符，这八处根本错误已是公诉机关指控认定的全部事实。司法机关对于案件的侦办应通过是否符合常情常理、是否与在案证据存在矛盾、与基础事实是否具有关联性，必要时可以反向排除等方式，来对证据链存在的缺口进行弥足，以排除合理怀疑。显然，公诉机关并没有依据上述规则来认定事实，"以事实为依据，以法律为准绳"，常识性的事实认定错误，导致法律适用当然是大错特错了。

我和彭新莲律师作的是无罪辩护，王某鼎绝对不构成职务侵占罪。庭审中，我们辩护人一方的发言没有被打断过。可以说，我和彭新莲律师把王某鼎案是如何被造假、证据与起诉书存在如何的缺陷等根本性问题，阐述得淋漓尽致。审判长和审判员一直在听我说，公诉人也一直在认真记笔记。

最后审判长宣布休庭10分钟，我向审判长余志燕递交了控告信。

休庭结束，余志燕审判长回到审判席一敲法槌："因本案案情重大，需要报至审委会讨论决定，择日宣判。"

一审改判"伪造公司印章罪"刑期2年半，检方抗诉二审维持原判

2020年9月28日，王某鼎案一审判决作出：

"本院认为，公诉机关指控被告人王某鼎……职务侵占罪缺乏客观证据，在案证据未形成统一完整的证据链，证据之间相互矛盾，现有证据无法达到足以认定被告人构成职务侵占罪的程度。主要理由为：（1）巍雅斯公司以1000万元收购中晖公司100%股权存疑；（2）巍雅斯公司及其股东向中晖公司出资存疑，证据显示2867.06万元为借款行为，并且部分借款行为发生在股权转让前；（3）被告人侵占公司资产9000余万元存疑，中晖公司运行及财物实际始终由王某鼎管控。因此公诉机关指控被告人职务侵占罪的事实不清，证据不足。根据证据裁判和疑罪从无原则，不能认定三被告人构成职务侵占罪，指控不能成立。

本案中有证据证明三被告人具有伪造巍雅斯公司印章，将中晖公司股权转移到王某鼎名下的行为，应依法处理，根据已查明的事实，王某鼎伙同……伪造临洮巍雅斯名表眼镜有限公司印章，事实清楚，证据确实充分，其行为均已触犯法律，构成伪造公司印章罪……"

某县法院改判王某鼎"伪造公司印章罪"，判刑2年6个月。对于这个结果，我对余志燕法官很是钦佩。

某县检察院提起抗诉，我们自然也上诉，我们认为"伪造公司印章罪"也不成立，王某鼎是有裴某江的授意，二人"先做事后补章"是惯例。

2021 年 3 月 29 日，王某鼎刑案二审在甘肃省定西市中级人民法院开庭。二审期间，王某鼎案依然被媒体关注，我们对一审违法办案的法官、检察官、公安机关的控告没有停过。二审开庭共一天，合议庭主要听取了我们辩护人对事实和证据的观点，开完庭我的感觉很好。武某斌落马后，一审法院都能顶住阻力，二审审判被干预的只会更少。

2021 年 4 月 20 日，王某鼎刑案二审判决作出，维持一审原判。虽然我们做的是无罪辩护，但对最终这个结果，我的心里是认可的。

民事股权确认之诉：一审判决令人震惊

王某鼎刑事案生效判决作出后，2021 年 5 月 13 日，某县市场监督管理局以中晖公司提交虚假材料为由，撤销了中晖公司 2018 年 8 月 8 日的股权变更登记，同时恢复巍雅斯公司 100% 持股中晖公司，中晖公司被行政罚款 50000 元。

2022 年 1 月 17 日，王某鼎刑满释放，但中晖公司还被巍雅斯公司 100% 持股，王某鼎要夺回自己的公司。刑事生效判决认定王某鼎不构成"职务侵占罪"，那么可以认定中晖公司不属于巍雅斯。但中晖公司的权属确定，还需要经过民事审判程序认定。

我和助理于文广律师继续代理王某鼎的民事案，即中晖公司股权确认之诉。我拿着刑事生效判决书去某县法院立案，巍雅斯公司为被告，某县法院于 2022 年 12 月 13 日立案。

2023 年初，王某鼎民事案开庭，审判长是一个快退休的老法官。我在转行律师前，当了十几年的民庭法官，庭审过程中，我能看出这位法官十分熟悉公司纠纷类的案件，但这位法官一直在唉声叹气。一审庭审结束我就知道结果不妙。

2023 年 3 月 29 日，王某鼎民事案一审判决作出，中晖公司 100% 股权属于巍雅斯公司，王某鼎败诉。

我很气愤又很疑惑地仔细研究一审民事判决，看完后十分震惊。

这份案号为（2022）甘1124民初3771号的民事判决，颠覆了我几十年所学的法律知识和十几年民庭法官从业的经验。

其一，该判决不对当事人的真实意思表示进行探究，不对《股权转让协议》进行实质审查，而只根据工商部门的登记认定协议效力。

案中最大的争议焦点是：2015年7月2日，裴某江为了土地款避税，以及王某鼎签的《股权转让协议》的真实性。

原告方（我方）的核心观点一直是法院要实质审查《股权转让协议》，该协议不是当事人双方的真实意思表示，是虚假的意思表示，真实的意思表示是双方达成的土地转让交易（2200万元），法院应认定双方真实的意思表示。虚假的意思表示无效，真实的意思表示没有法律禁止性规定、不违背公序良俗就是合法有效的。大量的客观证据表明，巍雅斯公司和王某鼎签订的《股权转让协议》是虚假意思表示，是无效的，土地交易才是合法有效的。

但是该一审判决，不顾法律基本原则和明确规定，不对《股权转让协议》结合大量证据进行实质审查，而只根据工商登记进行形式审查，进而认定协议合法有效，实在是荒谬！正因为工商登记只是形式审查，因此争议双方才会诉至法庭，需要法庭给出一个实质审查和判断。某县法院这个民事判决，实乃故意为之的本末倒置！

"原告王某鼎与第三人巍雅斯公司于2015年7月2日签订《股权转让协议》后，原告按照法律规定在工商部门进行了股权的变更登记等关于企业信息的变更登记，且中晖公司所办理营业执照（2015年7月17日）法定代表人记载为裴某江，在形式上对该《股权转让协议》完成了履行。巍雅斯公司是否按照协议的约定向王某鼎给付1000万元的股权转让款，并不能否定《股权转让协议》效力，且原告王某鼎对《股权转让协议》的真实性无异议，双方签订《股权转让协议》的目的就是为了开发'巍雅斯花园小区'。而涉案土地转让款是以评估的610.11万元转让于被告中晖公司，还是以2200万元的价格转让于中晖公司，并不能否认《股权转让协议》的效力。综上，应认定2015年7月2日原告王某鼎与第三人巍雅斯公司之间签订《股权转让协议》是合法有效的。"（摘自该一审民事判决）

其二，该判决强行扭曲法律和逻辑，大篇幅阐述"实际控制人"理论，将王某鼎掌控中晖公司（一人有限公司）的情形描述为"实际控制人"，并强行和"股东"概念分开。

"王某鼎对于中晖公司运行及财物实际控制，中晖公司开发建设巍雅斯花园小区，工程设计、资金使用、承建销售、物业管理等由王某鼎管控，中晖公司对外投资、设立分公司等重大事项由王某鼎决策，公司资金由原告王某鼎实际占有、支配等，且王某鼎与中晖公司财物混同，原告王某鼎上述行为，符合王某鼎以被告中晖公司实际控制人身份对中晖公司进行实际控制，应认定原告王某鼎为中晖公司实际控制人。根据法律规定，公司的实际控制人与公司的股东是两个不同的公司法的主体，实际控制人并非公司股东。"（摘自该一审民事判决）

在有多个股东持股的公司里，尤其是上市公司，层层代持股，分析"实际控制人"和"一致行动人"有其意义，实际控制人与股东确实不是同一概念。但是在一人有限公司里，100%持股的股东不是实际控制人是什么？一审法院强行引用"实际控制人"的概念于本案，我认为是为了掩盖巍雅斯公司不具备任何中晖公司股东权利这一事实，因此将王某鼎的"股东"权利强行解释成"实际控制人"，实在是煞费苦心、欲盖弥彰！

以下是我在上诉状中对一审法院强用"实际控制人"概念与"股东"身份进行区分的驳斥：

1. 公司法之所以规定实际控制人，一般是为了通过一些规定限制实际控制人不得损害公司利益，不得损害公司股东的利益。在非上市公司的情形下，对实际控制人的限制主要在于实际控制人不得未经正当程序让公司为其提供担保，不得通过关联交易或利用其关联关系损害公司利益。在上市公司的情形下，对实际控制人更是有诸多规则和限制来保护投资者的利益（与本案无关，不再赘述）。

2. 本案的中晖公司作为一人有限责任公司，本就不应该存在实际控制人一说，中晖公司的实际股东就是实际控制着中晖公司的行为。在这里引入实际控制人概念就是强行刻意为之，为其错误的裁判结论提供一个理由。但是仔细分析，即使按照实际控制人理论，原审裁判的理由也是站不住脚的。

首先，实际控制人是指通过投资关系、协议或者其他安排，能够实际支配公司行为的人，一般都是在公司有多个股东的情况下因为一致行动人协议等形成的实际控制人（再次说明一人有限责任公司就不应当存在实际控制人的概念）。具体到本案，由于王某鼎与巍雅斯公司之间不存在投资关系或者协议，那么王某鼎能够成为中晖公司的实际控制人只能是基于其他安排，本案的其他安排就是巍雅斯公司所谓的委派王某鼎负责开发巍雅斯小区的委派书。该委派书只是涉及在巍雅斯小区的开发上王某鼎是"实际控制人"，但是在中晖公司对外投资、设立分公司等事项上没有任何安排，在这些事项上王某鼎缺乏"实际控制人"的权利来源，却依然能够独立决策，说明这些权利来源就是因为王某鼎是实际股东，王某鼎行使的是股东权利，而非原审判决提出来的混淆概念"实际控制人"。

其次，即使按照原审裁判的逻辑，王某鼎是实际控制人，巍雅斯公司是股东，实际控制人控制公司的行为与股东行使股东权利并不矛盾，不是说因为有实际控制人就会导致股东权利不存在。但是本案中不存在巍雅斯公司行使或者享有股东权利的任何证据或者迹象，再次说明王某鼎行使的就是股东权利，巍雅斯公司不享有股东权利。

最后，原审裁判之所以将王某鼎的股东权利解释成实际控制人，就是为了掩盖巍雅斯不具备中晖公司股东权利这一事实。事实上原审裁判对于巍雅斯是否具有中晖公司股东权利采取的是逃避态度，没有进行认定，只是基于形式要件认定巍雅斯公司是股东。但是本案已经查明的事实是清晰的，巍雅斯公司除了是中晖公司形式上的股东之外，没有设立中晖公司，没有支付股权转让款，没有行使任何股东权利，且"股权转让"存在诸多不合常理之处，原审裁判却能认定中晖公司的股权属于巍雅斯公司，所以不得不将王某鼎的股权权利刻意曲解成"实际控制人"，可谓煞费苦心。

其三，该判决否认"认缴制"这一现代公司制度的基石和现行公司法的基本原则，根据形式要件认定股东身份！

股东资格确认，应重点审查是否实际出资、是否分红、是否行使股东权利等实质性要件后，进行综合认定。现代公司制度和我国现行公司法都规定，公司是认缴制，可以不实际出资。因此在股东不出资的情况下，判断股东资格要注重审查其是否行使股东权利和分红。分红好说，股东权利一般包括决定公司经营方针和投资计划；选举董事、监事，决定其报酬；审议、批准董事会、监事会报告；审议公司预算、决算、利润分配方案；对公司增资、减资、发行债权等作出决议；对公司合并、分立、解散、清算或变更形式作出决议；修改公司章程等。股东权利的判断，之于特殊的一人有限公司，就是100%控股的股东全盘掌控公司。

该一审判决只根据"没有实际出资"这一个条件，就认定王某鼎不是中晖公司股东，而王某鼎对中晖公司运行及财物的实际控制、对中晖公司开发建设巍雅斯花园小区的实际管控、对中晖公司对外投资、设立分公司等重大事项的实际决策、对中晖公司资金的实际占有和支配等行使股东权利的实质特征，被一审法院强行认定成了与"股东"不同的"实际控制人"。

因为巍雅斯公司和王某鼎均未对中晖公司实际出资，而王某鼎被认定为了不是"股东"的"实际控制人"，因此一审法院最后根据"形式要件"判断中晖公司股权归属，即根据工商部门的登记显示，认定巍雅斯公司拥有中晖公司100%股权，王某鼎败诉。

还是一个最基本法理的问题，司法是纠纷化解的终结手段，法庭是对纠纷进行实质审判的地方。正因为工商登记这样的形式审查出了实质的问题，当事人才诉至法院。

"因股东资格确认属于股东内部纠纷，应重点审查是否实际出资、是否分红、是否行使股东权利等实质性要件进行综合认定，从当事人实施民事行为探究其真实意思表示，进而正确认定公司股东资格。股东资格的判定需要在形式要件、实质要件、表象特征三个方面综合判定，具备某种特征并不意味着股东资格的必然成立。

本案中，王某鼎在中晖公司成立之时并没有按照公司章程的规定向中晖公司注入认缴资金，在之后其以中晖法定代表人身份经营中晖公司开发巍雅斯花园项目时，因其和中晖公司的财务混同，其在涉案巍雅斯花园项目的投资无法认定为其对中晖公司的注资，故本案无法认定王某鼎向中晖公司注资，故应由王某鼎承担举证不能的法律后果。对其主张向中晖公司注资的主张不予支持。本案中第三人巍雅斯公司无证据证实已经向王某鼎按照《股权转让协议》约定支付相应的股权转让金，亦无证据证实已经向中晖公司进行注资，故由第三人巍雅斯公司承担相应的法律后果，对其向中晖公司实际注资的主张亦不予支持。

综上，应认为本案中王某鼎与第三人巍雅斯公司均没有实际向中晖公司注资。在王某鼎及巍雅斯公司均不具备中晖公司股东实质性条件的情况下，应从二者谁具备中晖公司股东形式要件进行分析认定。本案中，第三人巍雅斯公司依据 2015 年 7 月 2 日与原告王某鼎之间签订《股权转让协议》，已经完成了中晖公司章程的修改，并且在工商部门已经进行了股东身份的登记。巍雅斯公司已经具备作为中晖公司股东的形式要件。在第三人巍雅斯公司成为中晖公司登记股东之后，被告中晖公司再没有依法确认王某鼎为登记股东，没有进行相应的股权转让，亦没有进行相应的扩股或者增资。故王某鼎在将中晖公司的股权于 2015 年 7 月 2 日转让给第三人巍雅斯公司后，其不具备成为中晖公司股东的形式要件及实质要件。王某鼎对于中晖公司运行及财物实际控制，中晖公司开发建设巍雅斯花园小区，工程设计、资金使用、承建销售、物业管理等由王某鼎管控，中晖公司对外投资、设立分公司等重大事项由王某鼎决策，公司资金由原告王某鼎实际占有、支配等，且王某鼎与中晖公司财物混同，原告王某鼎的上述行为，符合王某鼎以被告中晖公司实际控制人身份对中晖公司进行实际控制，应认定原告王某鼎为中晖公司实际控制人。根据法律规定，公司的实际控制人与公司的股东是两个不同的公司法的主体，实际控制人并非公司的股东。

综上，王某鼎的诉讼请求证据不足，依法不予支持。"（摘自该一审民事判决）

以下是我在上诉状中对一审判决否认"认缴制"的驳斥：

"原审判决以上诉人没有实缴出资为由认定上诉人不具备中晖公司股东的实质性条件属于法律理解错误，请贵院依法予以纠正。

1. 我国现行公司法对公司设立的规定是认缴制，即在公司章程中载明公司注册资本，股东的资金额、出资期限、出资方式等即可向公司登记机关申请设立登记公司，成为公司股东，不再要求股东必须实缴出资。

2. 认缴出资也可成为公司的股东。尽管王某鼎设立中晖公司时的公司章程载明需要在 2014 年 12 月 7 日投入注册资金，但是纵观整个公司法的规定和司法解释，都没有不按照公司章程载明的时间出资就会导致不是公司实质性股东的规定。《中华人民共和国公司法》（2018 年）第二十八条第二款规定："股东不按照前款规定缴纳出资的，除应当向公司足额缴纳外，还应当向已按期足额缴纳出资的股东承担违约责任。"《最高人民法院关于适用〈中华人民共和国公司法〉若干问题的规定（三）》（2020 年）第十三条第二款规定："公司债权人请求未履行或者未全面履行出资义务的股东在未出资本息范围内对公司债务不能清偿的部分承担补充赔偿责任的，人民法院应予支持；……"可知不按照公司章程的规定及时缴纳出资的会导致违约责任和需要补足出资的责任，这里的违约责任是对股东内部的，本案为一人有限责任公司，自然不存在这个问题。补足出资的责任是对外部债权人的，是为了保护债权人的利益而规定的，这恰恰进一步说明了认缴出资人就是公司的股东，需要承担责任，没有实缴出资不会导致认缴出资的股东不是公司实质性股东。原审裁判引用的《最高人民法院关于适用〈中华人民共和国公司法〉若干问题的规定（三）》（2020 年）第二十二条的（原审判决第 33 页）规定，也是证明已经依法向公司出资或者认缴出资即可请求人民法院确认享有股权。

3. 如果按照原审法院的观点，未能实际出资，就不是公司的股东，现在中晖公司是个人独资公司，那么中晖公司岂不是从注册之日起就没有股东？由此可以得出中晖公司从根子上就是一个不存在的公司。按照原审判决的逻辑，只要没有实缴出资就会导致不具备公司股东的实质性条件，这种司法裁判规则将会导致没有实缴出资的股东始终处于一种不安状态，担心自己的股东权利受到影响，会破坏营商环境，是对公司法认缴出资制度的严重破坏。这是一种陈旧理念，是对公司法的错误理解，请贵院依法予以纠正。"

民事二审，公司股权终夺回

2023 年 4 月 6 日，我和于文广律师火速去了甘肃省定西市中级人民法院提交万字上诉状。定西市中院于 2023 年 6 月 13 日立案。在民事二审期间，我们对刑事程序违法办案的公检法人员始终在控告，对裴某江转让土地款的偷税行为，以及裴某江妹妹裴某玲涉嫌挪用公款的行为也在举报，而同样仍有媒体记者在关注王某鼎民案。

二审开庭期间，纯粹的法律讨论氛围很浓。

2023 年 8 月 11 日，王某鼎案民事二审判决作出，认定王某鼎持有中晖公司 100% 股权，并对双方争议的焦点，一一给予回应和评判。正面应对矛盾、依法解决争议、事实认定和法理主张无模糊之处，这份判决水平很高。我的助理刘佳佳律师看到这份判决书评价道："逻辑顺畅，说理自然，没有什么歪曲的东西，这应该就是事实本身。"

以下摘选自该二审判决：

"本院认为，本案根据一、二审当事人的诉辩主张，争议焦点是中晖公司的股东究竟是王某鼎还是巍雅斯公司。王某鼎主张其是中晖公司唯一合法的股东，巍雅斯公司主张其系中晖公司唯一合法的股东。

本院认为，王某鼎系中晖公司合法股东，拥有中晖公司 100% 的股权。理由如下：

第一，中晖公司初始设立时登记的股东为王某鼎，巍雅斯公司没有举出王某鼎登记为股东系代持有巍雅斯公司的股权的证据，根据登记的公信力，应认定登记的效力。

第二，巍雅斯公司自中晖公司设立后，始终没有股权性注资。无论是巍雅斯公司股东的出资，还是巍雅斯公司以股东名义的出资，原始凭证及巍雅斯公司股东的陈述均证明出资性质为有息借款，且根据巍雅斯公司股东及股东名义出资数额 2867 万元，而中晖公司及王某鼎返还3863 万元，也能印证巍雅斯公司股东及以股东名义出资的性质为有息借款。

第三，2015 年 4 月 9 日，巍雅斯公司向甘肃新方圆不动产评估有限公司出具了委托书，要求对某县洮阳镇南关 1 号土地评估地价。新方圆公司 4 月 13 日出具了评估报告书，评估结论为 610.11 万元。4 月 15 日，巍雅斯公司与中晖公司签订了土地转让协议书，约定巍雅斯公司将某县南大街 14462.49 平方米（折合 21.694 亩）以 610.11 万元转让给中晖公司。诉讼中巍雅斯公司虽否认委托评估及签订了转让协议，但对巍雅斯公司的公章没有申请司法鉴定，结合部分证人证言及与本案有关联的其他案件认定的事实，可以证实中晖公司与巍雅斯公司曾经确实协商过土地转让事宜，且从事后双方对土地转让款确认为 2200 万元的事实，可以印证双方存在土地转让的真实意思。

第四，2015 年 7 月 2 日，王某鼎与巍雅斯公司签订的股权转让协议系以股权转让的虚假意思表示掩盖土地转让的真实目的，该协议并非双方当事人的真实意思表示，应为无效。该协议虽约定王某鼎将持有中晖公司 100% 的股权共 1000 万元出资额，以 1000 万元转让给巍雅斯公司，巍雅斯公司同意在协议签订之日起将股权转让款以银行转账方式在三天内支付王某鼎。股权转让价款的履行期限至一审起诉时已经经过七年多时间，不仅巍雅斯公司未支付股权转让价款，王某鼎也从未请求巍雅斯公司支付股权转让款。这种对双方都不利的两种现象同时出现有违常理，反而证明双方不存在股权转让的真实意思。中晖公司向巍雅斯公司已支付土地转让款2000 万元，尚欠 200 万元未付这一事实也证明双方之间存在土地使用权转让的真实意思。

第五，王某鼎诉称签订股权转让协议是为了免交土地转让的高额税收。王某鼎的诉称与定西市税务局稽查局税务处理决定书的内容完全吻合，证实王某鼎的该项诉称属实。

第六，中晖公司自设立至今，一直由王某鼎实际控制，巍雅斯公司一直没有对中晖公司行使管理权。

第七，本院（2020）甘11刑终230号刑事裁定书认定王某鼎不构成职务侵占，证实巍雅斯公司并非中晖公司的股东。

第八，中晖公司不仅从事巍雅斯花园住宅小区的开发，还从事设立中晖公司民乐分公司、从甘肃荣泰置业有限公司购买土地使用权等其他经营活动。

综上理由，王某鼎为中晖公司的股东，巍雅斯公司不是中晖公司的股东，王某鼎的上诉理由成立，本院予以支持。"

2023年9月27日，凭着这份民事生效判决，工商登记部门变更中晖公司100%股权登记，王某鼎为中晖公司唯一持股人。

2023年冬，王发旭律师与华本企业家俱乐部企业家成员，
在北京市京师律师事务所交流、合影

办案总结：

我从 2020 年 2 月介入王某鼎刑案，至 2023 年 8 月王某鼎民事二审判决作出，历时 3 年半，王某鼎从遭遇重刑之灾到轻刑罚，再到最后完整夺回公司。王某鼎刑民案双赢，这对我的职业生涯是个很大的激励，王某鼎的人生也重获光明。

办理此案过程中，我想分享一下控告的经验。从武某斌被抓，到媒体关注，再到违法办案人员有所忌惮，这都离不开律师持续的控告。

辩护权是司法权的一部分，属于国家顶层设计，律师以自己名义控告的效果比当事人要好得多，很多机关也会重视。控告虽然不一定每次都有直接的法律效果，但对于监督办案人员的办案效果是客观的。在刑事控告中，很多律师是让当事人家属站在前台，这无可厚非，但我还是认为，在所掌握证据材料足够扎实的基础上，律师以自己的名义控告，会给予家属很大的勇气，也会让媒体记者信赖，容易形成合力去对抗不公正司法。

律师在控告过程中，要分外警觉和严格律己，一定要在法律规范内行事，切不可授人以柄。控告必须要有正规的控告途径和文书规范，与各方当事人之间的接触也要遵守相应的法律规范。

王某鼎案中，与我合作办案的彭新莲律师，刚正又刚烈，但是由于刑事办案经验不足，给被害人一方发送短信，要"举报"其挪用公款来逼迫被害人一方退步，确实是将自己置于了险境。刑事诉讼法第 43 条第 2 款规定，辩护律师经人民检察院或人民法院许可，并且经被害人或其近亲属、被害人提供的证人同意，可以向他们收集与本案有关的材料。裴某玲作为被害人巍雅斯公司一方的人（证人），彭律师作为被告人的辩护人，私下与裴某玲联系，虽然不是取证，但只要被害人一方去向司法机关举报，律师难免受到处罚。刑事诉讼中，如律师不严格按照法律规定行事，那绝对不利于自己。

万幸的是，王某鼎案刑民双赢，彭律师与司法部门据理力争有了很多依据和底气。如今像彭律师这样一身正气、刚强正直的律师实在太少。我对彭律师这样的人永远钦佩。

第五章　南京企业家蒋某无证据被刑拘案

—— 公安侦查阶段撤案

2017 年 9 月，南京高淳区的一家民营企业的 100 名员工，为该企业的企业家蒋某奔走呼吁。群众联名写信给当地政府部门求助，并写信到最高人民检察院、公安部、中央纪委国家监委等部门进行举报。

这是一起公安机关插手民间经济纠纷的案件。在蒋某被刑拘的第 30 天，江宁区检察院作出不批准逮捕决定，蒋某被当地公安机关取保候审释放。

与此同时，蒋某在被刑拘期间，因迅速聘请律师介入，最终导致某区公安分局获得零口供，无法形成有罪证据。

取保候审一年届满，蒋某案被当地公安机关撤销，这是群众力量监督的胜利，也是法律专业的技术性胜利。

预判"诱供"套路

2017 年 9 月的某一天，我在外地出差，我们京师所已经离职的一个同事突然联系我，说有个案子比较紧急，案子有领导批示，小律所不敢接，家属已经来了北京，问能不能找我。

听到有领导批示，我肯定就来了兴趣，想一探究竟。同事把我电话给家属后，家属就通过电话跟我说了大概，家属迫切想要我先给支支招，因为当事人随时可能被刑拘。

跟家属通了近 1 个小时的电话，我听到的情况大概是这样：

当事人蒋某是南京某玻璃钢公司的法人代表，同时是南京市某区政协委员、某区某镇人大代表，其因为跟南京某环保科技公司的合同纠纷，被打击报复。

南京某环保科技公司中层管理人员刘某已经被刑拘，蒋某几天前被问过话，并被透露刘某已经招供，家属判断某区公安分局随时可能刑拘蒋某。家属再三跟我保证，蒋某完全没有行贿（对非国家工作人员行贿）一事，蒋某确实跟刘某认识，刘某因为炒股亏损，跟蒋某借了46万元，借期一年，算利息，双方还打了借条。

另外，刘某等5名员工因为劳资纠纷曾提起仲裁，该环保公司被裁定补偿刘某等人100万元。该环保公司与该玻璃钢公司的合同纠纷经过了两审终审，法院最终判决该环保公司支付该玻璃钢公司1000多万元的拖欠款。

我在电话里嘱咐家属转告蒋某，万一被刑拘了，千万不能认罪，不能被诱供。当地公安部门诱供的方式大概是这样：

1. 会把借款的性质往行贿上编。说是刘某索贿，因为该环保公司是该玻璃钢公司的大客户，蒋某迫于无奈，只能给，于是以借款为名，还打了借条。双方约定，以后如果在该玻璃钢公司经营当中，刘某照顾蒋某公司的业务，这钱就不要了，不照顾的话再还。

2. 说已经查清楚了，刘某已经招认了，会把刘某的笔录拿过来给蒋某看，不要信。

3. 说刘某不止索贿蒋某这一件事，现在公安局主要查的是刘某，蒋某只要认了，指控刘某受贿，签个字就能出去了。这里我特意交代家属，千万别被骗，刘某要是认定受贿，蒋某这个送钱的，也要定罪。

我的核心观点就是一个：没做过的事千万不能确认！签了字确认了就出不去了，不签字不认罪才能出去。

家属在电话那头录了音，非常感激，说一定记下。

通完电话的第二天，2017年9月11日，蒋某就被该公安机关传唤到该区派出所，蒋某于当天下午被刑拘，于2017年9月12日被移送至该区看守所。

蒋某被传唤后，家属当天就买了机票飞到北京，直接找我签了委托合同，最后由我和我的助理罗龙平律师共同代理。我和罗律师于9月12日赶到该区看守所，会见蒋某。

一见到我，蒋某对我万分感谢，他在被刑拘之前已经将我的电话录音内容听了很多遍，熟记于心。被刑拘后，蒋某说他发现公安机关的讯问诱供跟我说的一样，他心里非常有底气，没做过的事就坚决说没做过，公安机关说什么他都不为所动。蒋某还质问讯问人员："你们要是有本事，就把我这个无辜的公民一直关着，到时候你们请我出去我都不出去！"

会见时，我又详细跟蒋某交代了刑拘期间可能会发生的事，以及应对方法。最主要的是让蒋某谨慎签字，如果是空白纸，签字的时候一定要把空白处用笔划掉，不能让别人随意再填写内容。

员工写信请愿

会见结束后，我和罗律师到了蒋某的公司，那边有 100 多名员工在等我们，他们想知道蒋某的情况。

蒋某为人很忠厚，在被某环保公司拖欠款的时候，公司年底现金流紧张，蒋某通过高息借贷、厂房抵押等方式筹款，给员工发放工资和福利，平日对员工也是十分厚待。蒋某被刑拘，公司员工们情绪激动，让我们一定为蒋某维权，尽快释放。

当然，法律之内的事我有把握，但是法律之外的事，还得靠有效制衡。这些员工就跟我们商量，他们想联名写信给领导们，阐述事件来龙去脉以及员工们的心声，但是不知道应该写给谁，上访到什么渠道。

员工们听了我的建议是先投信，他们联名签字，我和罗律师代笔，把能管到这件事的部门都投一遍。江苏省政府、南京市政府、江苏省纪委监委、中纪委国家监委、最高人民检察院、江苏省检察院、南京市检察院、公安部、江苏省公安厅、南京市公安局等，我们都投了一遍，这些机构官网上都有电话和信箱。信的形式分两种，一种是求助信，一种是控告信，内容大体相同。

参与控告的还有南京某材料公司和某检测技术公司。这两家公司因为蒋某是股东，并担任高管，某区公安分局在 9 月初搜查该玻璃钢公司时，在没有任何手续的情况下，就把这两家公司的财务、经营资料，电脑主机、开票机等电子设备给扣押了，导致两家公司生产经营无法正常开展。这两家公司的实控人刘某还被传唤到派出所问了一天一夜。两家公司联名控告该公安分局，要求追究其实施违法搜查、扣押行为的部分干警的法律责任。

此外，我和罗律师作为辩护人，也以律师身份，联合了员工签名，给某区公安分局写了封请愿信，请求立即释放蒋某。

请愿信如下：

将蒋某先生立即释放
请愿信

申请人：王发旭，北京市京师律师事务所律师，系涉嫌对非国家工作人员行贿一案蒋某代理律师，电话：×××。

罗龙平，北京市京师律师事务所律师，系涉嫌对非国家工作人员行贿一案蒋某代理律师，电话：×××。

申请事项：请立即将蒋某先生释放。

事实与理由：

申请人通过会见嫌疑人蒋某先生及全面了解案件情况，现根据调查所了解的情况并结合当前中央关于维护社会大局稳定的基本要求，特向你局请愿，请立即释放蒋某先生，具体理由如下：

一、综合蒋某的陈述及南京某玻璃钢有限公司与某环保股份有限公司的合作详细情况，蒋某已经反复说明，他根本不存在所谓的向非国家工作人员行贿问题，而且没有任何所谓行贿的理由，蒋某先生所经营的企业十几年一如既往的稳定，为地方经济发展、民生保障做出巨大贡献，且从未出现过违法违规行为，请你局予以高度重视。

二、你局办案人员存在严重非法办案行为：非法搜查、非法扣押与案件无关的公司资料物品。

你局办案人员于 2017 年 9 月 6 日非法扣押了与案件无关的"南京某材料有限公司""江苏某检测技术有限公司"两家公司财务、经营资料、电脑主机、开票机等电子设备，导致这两家公司生产经营无法正常开展，无辜受牵，公司面临破产，经济损失巨大，并将公司员工刘某传唤到某区派出所询问了一天一夜，你局相关办案人员的办案行为涉嫌严重违法，并造成严重的后果，请你局引起高度重视！

三、公司面临倒闭，100 多名工人面临下岗，情绪激动，集体上访。

你局办案人员明知本案蒋某先生没有任何违法犯罪行为，仍然于 2017 年 9 月 6 日来南京某玻璃钢有限公司扣押了该公司 2013 年 1 月—2017 年 7 月的会计凭证、手工和电脑会计账、出纳账、各类票据、税单汇总簿、员工情况及其他文件袋、三台电脑主机，且非法拘留蒋某先生，导致南京某玻璃钢有限公司生产经营无法正常开展，公司生产经营陷入混乱，面临倒闭，给公司生产经营造成了极大的影响，逾百员工面临下岗的严重危险，这将给地方经济发展和社会稳定带来极大的潜在影响。

目前公司在生产的订单逾千万元，分布在外地的生产现场 6 个，在洽谈中的央企订单还有 1000 多万元。为了公司生产经营管理工作的正常开展（原材料采购款的支付、员工工资的支付、每月税收工作的申报，等等），同时更为了公司员工情绪的稳定，避免产生不稳定的社会因素，请你局以维护大局的稳定为宗旨，先对蒋某先生取保候审，并将扣押的物品予以返还。

四、为确保社会大局稳定，确保不出现集体事件，确保南京某玻璃钢有限公司继续正常经营，确保工人不集体上访，经与某区人民政府协调，某区人民政府愿意提供保函，确保蒋某先生随时配合你局的相关案件侦办。

综上，为避免员工集体上访，营造稳定的社会局面，为党的十九大的顺利召开保驾护航，为了 100 多名员工的生活、企业的发展，及时挽回不必要的损失，请你局高度重视，将蒋某先生立即释放。

　　此致

江苏省南京市公安局某区分局

2017 年 9 月 21 日

员工签名：（略）

　　大量的信投出去不久，在国庆前，我们收到了最高检的回复，说转交给了江苏省检察院处理，接着江苏省检察院又给我们回复，说转交给了南京市检察院处理。检察院的回复给我们带来了很大的希望。

假期突击审讯，家属识破圈套欲跳车

　　离开南京前，我嘱咐蒋某的家属，国庆期间要谨慎跟某区公安分局接触，他们一定会在假期里突击审讯蒋某，还会把主意打到家属头上。

　　果然国庆假期最后一天下午，我就接到了蒋某家属电话，家属大口喘气，说刚才遭遇一段"生死拉锯"，现在已经打车准备回家。

　　某区公安分局民警在国庆假期的最后一天找到了蒋某家属，还开车来了家里，说要带家属去看守所接蒋某。坐上警车快到看守所的时候，家属一想不太对劲，接人为什么要家属来，警察还亲自去把家属带来，警察要是真放蒋某，直接放了不就行了。家属就在车上质问某区公安分局民警，为什么一定要她亲自来接？民警解释说，让她来主要是劝劝蒋某，说商业贿赂的事已经查清楚了，蒋某只要承认了，签个字，家属今天就能把人接走。家属一听，就想到了我一开始跟她电话里交代的公安分局诱供套路，这是要带家属去看守所，给蒋某制造心理压力啊！

　　蒋某家属要求下车，当时距离看守所还有两段高速路。民警还在劝，要她冷静些。家属性子非常刚烈，说不给下车就直接跳车！民警急了，就靠边停车让家属下了。家属下车后走了很长一段时间的路才打到车，上车后就打电话跟我描述刚刚发生的这场"生死拉锯"。家属语气非常激动，最后又对我连连道谢，说我预判很准。

国庆假期结束的第二天，我赶紧去了某区看守所会见蒋某。蒋某黑眼圈严重，精神疲惫，看到我后像看到救星一样两眼放光。

蒋某说国庆期间，某区公安分局果然对他没日没夜提讯，软硬兼施，核心套路就是要他招供签字，还拿了刘某招供的笔录给他看。蒋某牢记我的话，就多了个心眼看笔录有没有签字，一看果然没有刘某的签字。某区公安分局还拿了一张白纸，让蒋某先签字，然后再填笔录内容，蒋某听了我的话，签字的时候把空白处全部用笔划掉，那么公安分局就不能随意填内容。其间该区检察院的人也来劝蒋某，说签了字就没他什么事了。蒋某说没想到，公安分局和检察院居然会联合起来诱供，套路跟我说的都差不多。蒋某最后扛住了肉体、精神折磨，国庆期间硬是让某区公安分局一无所获。

我跟蒋某说了他家属差点跳车和最高检回复的事，蒋某整个人精神状态松弛了下来。蒋某说所有的事情发展都跟我预测的一样，他心里有底，才能扛住审讯。公司 100 多名员工联名请愿的行为让蒋某很感动，他感慨如果不是群体的力量，最高检未必会回复，他感谢那个厚待员工的自己。

公安侦查阶段撤案，"撤案证明"争夺战

第二次会见完蒋某，来到蒋某公司，还是那 100 多名员工在等我传递消息。员工们迫切想知道他们的蒋总会不会被放出来，还要被关多久，他们随时准备好去公安分局门口要人。

我劝员工们冷静一下，再等几天，因为检察院系统确实回复我们处理进度了，说明蒋某案已经得到了重视。另外，蒋某再关几天，到 10 月 12 日，就被刑拘满 30 天了，这已经是大案的羁押期限了，到时候公安分局和检察院一定会给个说法。

2017 年 10 月 12 日，某区检察院对蒋某作出不批捕决定，但某区公安分局认为案件还需要继续侦查，因此将蒋某取保候审释放。为了确保蒋某随时配合侦查，某区政府还向某区公安分局出具了担保函。"取保候审"

这个结果安抚住了蒋某的 100 多名员工。

因为还在侦查阶段，蒋某未作过多纠缠。释放后的蒋某听取了我的建议，立即向法院起诉刘某还款，案子审完判了，蒋某拿到了胜诉判决。之后蒋某把胜诉判决提交给了某区公安分局，说法院已经认定了他与刘某之间是借款关系，但某区公安分局不认，他们认为民事判决没用，得刑事查清才能定。根据《人民检察院刑事诉讼规则》第 401 条规定，人民法院生效裁判所确认并且未依审判监督程序重新审理的事实，推定为真实。这里的生效裁判既包括刑事也包括民事。

但某区公安分局最终也没查到蒋某行贿刘某的证据。2018 年 10 月 12 日，蒋某取保候审期限一年届满，但某区公安分局并没有出具解除取保候审决定书，蒋某无法出差、出国。蒋某再三找某区公安分局协商，但都被来回推脱。后我建议蒋某向某区公安分局提一个比要解除取保候审决定书更"过火"的要求，就是给某区公安分局写信，说法定取保期间已经超了，是把案子移送检察院审查起诉，还是撤案？必须给个说法，不然就要去控告了。这么一试，某区公安分局于 2018 年 12 月底给蒋某出了解除取保候审决定书，但并没有交代下一步。

某区公安分局在没有证据的情况下就刑拘人，属于严重的违法行为，蒋某心里憋着火，要拿到撤案决定书去申请国家赔偿。蒋某接着去了很多趟某区公安分局，要公安分局赶紧把他移送检察院审查起诉，不移送就快给撤案证明。某区公安分局问蒋某，为什么一定要这么一个证明，干什么用？蒋某特别实诚地说要去申请国家赔偿。

蒋某要求公安分局发给撤案决定书，这本身也是他的合法权利。根据《公安机关办理刑事案件程序规定》，对于没有犯罪事实的，应当撤销案件，需要撤销案件的，应当制作撤案决定书，公安机关作出撤案决定后，应当在 3 日以内告知当事人。

某区公安分局拖拖拉拉一直到 2019 年 11 月底，才给蒋某送达了撤案决定书。为了阻止蒋某申请国家赔偿，撤案决定书里只写明了"我局办理刘某等人涉嫌非国家工作人员受贿案……"，决定书上并没有提及"蒋某"。

我看着某区公安分局这点小心思觉得特别好笑，不带名字，就不能申请国家赔偿了？立案和撤案都能对得上，决定书既然给蒋某了，就说明这案子里有他。我告诉蒋某可以拿着撤案决定书，直接去某区公安分局申请国家赔偿，公安分局要是不赔偿，那就复议、起诉吧！

办案感想：

蒋某的案子，我只去了两趟南京，人被关了 30 天取保释放出来，最终案子是在侦查阶段被撤销的，效率非常高。

刑事案件，律师介入得越早，往往成功率越高。通常情况下，当事人处于被羁押状态，如没有律师给予专业性的帮助，就会处于孤立无援的境地，容易被诱供作出有罪供述。就像在蒋某案中，公安分局劝说他签字就能出去，当事人既没有法律常识、又没有相关经验，是无法识破这其中的真相的，而事实却是，不签字才有可能出去。

后来据悉，某环保公司查处了公司十几名人员，都被定了商业贿赂罪起诉，而只有我们接手的蒋某案在侦查阶段被撤案。

蒋某案的成功，在法律专业领域，是一次技术性的胜利。他的案子还体现着这样一个朴素的价值观：在中国做一个良心企业家，那么广大员工在关键时候就是你最坚实的后盾，这种力量能够时刻监督那些不受制约的权力，并且始终保护你。

第六章　河南某市副市长黄某受贿案
——河南某市职务犯罪"排非"成功第一例

刑事诉讼中，法律对公诉方提出的有罪证据作出了严格限制，如 2017 年"两高三部"联合出台的《关于办理刑事案件严格排除非法证据若干问题的规定》，对于公诉方的证据，采取非法手段取得就应排除。在现实中，有的"严格排除非法证据"，却变成了严格限制被告人和辩护人启动排非程序、严格限制被告人和辩护人排除掉非法证据。这样的司法实践导致的后果是：100 个刑案里，可能只有 1 个案子能成功启动排非，并排非成功。

2017 年，我辩护的河南省某市副市长黄某受贿一案，因对检察院讯问同步录音录像的"死磕"，最终推动一审法院顶着巨大压力启动排非程序，并且全盘认可了我们辩护人的排非要求。黄某在检察院侦查阶段受胁迫交代的受贿额被全部驳回，法院最终认定的受贿额不到检察院起诉的一半，黄某被判 4 年。而如果没有我们对讯问同步录音录像的执着，没有启动排非，并排非成功，黄某受贿 300 万元以上，是 10 年起步。黄某及其家属非常满意这个结果，没再上诉。

事后我对黄某案进行复盘，黄某案能够成功排非，既有运气好的偶然因素，也有人为的必然因素。运气好的因素在于：本案中，一是没有"领导批示"的干预，二是检察院审讯时确实明显、重复地胁迫黄某。人为的必然因素在于：我对检察院办案方式非常熟悉，职务犯罪中，胁迫审讯是通常方式，同步录音录像一定有问题，排非的关键在于获得讯问录音录像；我当时的助理范本腾律师准备充分，及时复制了同步录音录像；我对案中法官和检察官的违规行为及时控告，致使相关人等忌惮行事；我知道检察院一定会找家属麻烦，及时沟通家属做好准备，确保当事人跟我们高度统一。

对于像黄某这样的职务犯罪案，我现在仍有信心能够成功启动排非，并排非成功。

本文讨论的通过排非程序排除掉的非法证据，是指办案机关违反《中华人民共和国刑事诉讼法》第 56 条规定，即通过刑讯逼供、暴力、胁迫等方式收集到的嫌疑人、被告人供述以及证人证言和被害人陈述等，此类证据适用《关于办理刑事案件严格排除非法证据若干问题的规定》规则，可以在庭前会议中启动排非程序，通过排非程序排除后，不再进行庭审调查，当然如果控辩双方不能达成一致意见，仍须经过庭审调查程序进行排除。而其他，因办案机关严重过失收集到的证据，或存在瑕疵的证据，应通过庭审调查程序排除，排除后不能作为定案依据，不适用《关于办理刑事案件严格排除非法证据若干问题的规定》的规定，不在本书讨论范围内。

认为律师没用的"黄市长"

在 2018 年《中华人民共和国监察法》出台前，职务犯罪由检察院立案管辖。

2017 年，时任河南省某市常务副市长的黄某，因为亲家公的民事纠纷，被人举报受贿，后经查实，其于同年 6 月被河南省某市检察院指定居所监视居住。但黄某所涉犯罪并不符合指定居所监视居住的条件。2017 年 7 月，黄某被某市检察院逮捕，羁押于某市看守所。

我当时的助理范本腾律师与黄某的女婿是同学，黄某女儿和女婿自然找到了京师律所。2017 年 8 月，我和范本腾律师接受了委托，共同辩护黄某受贿案。

2017 年 10 月，我和范律师到某市看守所会见黄某，某市检察院却说要经过他们批准才能会见。黄某案就算处于侦查阶段，其所涉的受贿罪也没有规定要经过批准才能会见，如果到了审查起诉阶段，不管什么罪名，律师更是能持三证直接会见。不过好在某市检察院迅速走完了批准程序，准许我们会见，我们之后也没就这一点跟检察院纠缠。

第一次见黄某，他本人非常颓丧，眼神也很呆滞，不怎么愿意开口说话，随时都要"认罪认罚"的样子。我和范律师多次会见，他才开始跟我们倒苦水，一点一点说出了他真实的情况。我和范律师一起会见了黄某10多次，范律师单独又去会见了30多次。

后来我们看到了检察院对黄某讯问同步录音录像，才知道黄某当时对法治的信念几乎被摧毁，对律师是不信任的，认为律师只是来法庭走过场。录音录像显示，黄某被讯问时多次请求检察官，能不能联系他女儿，把委托的律师退掉，省下来的钱给他外孙女买牛奶喝也好，他女儿赚钱不容易。最后是黄某女儿的坚持，才让我和范律师没被解除委托。

在讯问同步录音录像中，检察官是这么跟黄某说的："法庭上，就是公诉人把起诉的罪名念一遍，法官也是照着公诉人的起诉状，跟你核对一下，最多书记员再多做几页笔录。庭审过程很简单，你什么都不用说，律师也就是能提个建议。"

复制"讯问同步录音录像"

黄某案由某市检察院侦查结束后，交由某县检察院起诉。2018年3月，某县检察院向某县法院对黄某提起公诉。在检察院阶段，我们要求查阅讯问同步录音录像，但某市检察院和某县检察院并未对我们有任何回复。案件到了法院后，黄某的讯问同步录音录像一并到了某县法院。

我和范律师在会见黄某的过程中，得知他在检察院侦查期间不断遭到胁迫逼供，他在检察院阶段的供述都是编的。我们向某县法院提出要查阅、复制讯问同步录音录像，并拿出了《最高人民法院刑事审判第二庭关于辩护律师能否复制侦查机关讯问录像问题的批复》（以下简称《批复》），根据该规定，讯问录音录像为证据材料，辩护律师提出要求复制有关录音录像的情况下，应当准许。但某县检察院向法院提供了《最高人民检察院法律政策研究室关于辩护人要求查阅、复制讯问录音、录像如何处理的答复》（以下简称《答复》），这份文件认为，讯问录音录像不是证据材料，辩护人未经许可，无权查阅、复制。

2023 年春，王发旭律师在《有效辩护之道——我为法律人辩护》的新书发布会上，与《法治时代》刘桂明总编合影

最高法和最高检的两份文件对讯问同步录音录像的态度截然相反，最高检的《答复》在实务中遭到了质疑。

某县法院感到很为难，调和了半天最终采取了一个折中的方案：准许我们辩护人在法院看录音录像，法院派人跟我们一起看。

范律师是法官出身，非常懂法院的设备和场景，他去某县法院看录像的时候就做足了准备，带了能读"光驱"的电脑，要求法院在他电脑上播放录音录像。后来范律师根据黄某提供的线索，在法院趁机复制了他被胁迫逼供期间的录音录像，范律师的成功复制，是我们在黄某案中能成功排非的开端。

"讯问同步录音录像"到底是什么性质？

当前的司法实践中，对讯问同步录音录像的性质，以及能不能复制的争议非常大。法院和检察院趋于保守，原则是"能不给看就不给看"。辩护人这一边则从法理和法律推导，认为"查阅和复制是天经地义的"。实践的争议来自司法解释上的模糊，还有部门间文件的冲突。

首先来看刑事诉讼领域的根本法《中华人民共和国刑事诉讼法》。

《中华人民共和国刑事诉讼法》第 40 条规定："辩护律师自人民检察院对案件审查起诉之日起，可以查阅、摘抄、复制本案的案卷材料。……"此处的案卷材料包括证据和证据材料。另外，《中华人民共和国刑事诉讼法》第 50 条第 1 款规定："可以用于证明案件事实的材料，都是证据。"

那么，讯问同步录音录像是否属于案卷材料呢？是证据材料（证明取证合法性的材料）还是证据呢？

从法理上来说，讯问同步录音录像的实质是被告人供述（法定证据种类）的电子化，既可以作为证据证明案件事实，也可以作为证据材料证明取证的合法性。如不承认讯问同步录音录像是被告人供述、是法定证据，但应至少承认其是能证明供述合法性的证据材料。相信普通人凭着朴素的价值观也能明白其中的道理。

我把讯问同步录音录像分为两种情况：第一种情况是"只存在检察院阶段的录音录像"，其不属于应当录音录像的情形，且检察院最终没有移送到法院；第二种情况是"移送到法院阶段的录音录像"，其属于应当录音录像的情况，检察院必须移送到法院，以及第一种情况中检察院主动移送法院的部分。

对于"只存在检察院阶段的讯问录音录像"：

2017 年"两高三部"（最高人民法院、最高人民检察院、公安部、国安部、司法部）联合出台的《关于办理刑事案件严格排除非法证据若干问题的规定》（排非的主要依据），根据第 22 条规定，犯罪嫌疑人、被告人及其辩护人向人民法院、人民检察院申请调取……但未提交的讯问录音录像等证据材料，人民法院、人民检察院经审查认为证据材料与证明证据收集的合法性有联系的，应当予以调取。

在《关于办理刑事案件严格排除非法证据若干问题的规定》中，对于检察院不移送的讯问录音录像，确认了其"证据材料"的性质，但该规定赋予了法院相当大的自主权，只有法院认为讯问录音录像与取证合法性有关，才会调取，到了法院阶段，能不能复制还有争取的余地。但如果法院不调取，被告人和辩护人直接向检察院申请查阅或复制，检察院就会依据最高检2014年的《答复》，说讯问录音录像不属于"证据材料"，未经批准不能查阅、复制。

结果也可想而知，检察院大概率不会批准，这正是我们办案经常遇到的情况，申请看录音录像，但检察院根本不允许。

《中华人民共和国刑事诉讼法》第40条规定的是"辩护律师自人民检察院对案件审查起诉之日起，可以查阅、摘抄、复制本案的案卷材料……"，此处的"案件材料"，根据《关于办理刑事案件严格排除非法证据若干问题的规定》和后文提到的《最高人民法院关于适用〈中华人民共和国刑事诉讼法〉的解释》（以下简称《刑诉解释》）规定，是指全部的讯问录音录像，包括移送的和未移送的。

未移送的讯问录音录像，检察院"不让看"，如法院也"不调取"，辩护人手里就没有明确的线索和材料去申请排非，如果排非程序都启动不了，更别谈排非成功。

《关于办理刑事案件严格排除非法证据若干问题的规定》和最高检的《答复》这套组合拳，显然与《中华人民共和国刑事诉讼法》第40条的规定相悖，前者是司法机关（包括法院和检察院）启动排非和排除非法证据的主要依据，后者是检察院办案的依据。

对于"检察院移送到法院的讯问录音录像"：

现行的最高人民法院出台的《刑诉解释》第54条规定，"对作为证据材料向人民法院移送的讯问录音录像……"，该条规定明确了检察院移送到法院的讯问录音录像是"证据材料"。结合《关于办理刑事案件严格排除非法证据若干问题的规定》，检察院不移送的讯问录音录像也是"证据材料"。因此，讯问录音录像全部都是"证据材料"，包括移送法院和未移送法院的。

《刑诉解释》第74条也有规定，依法应当对讯问过程录音录像的案件，相关录音录像未随案移送的……导致不能排除以非法方法收集证据情形，对有关证据应当依法排除。《刑诉解释》第135条则更详细地规定，在应当录音录像的案件中，讯问录音录像是"证据材料"，可以证明取证的合法性。

另外还有，最高法 2017 年出台的《关于全面推进以审判为中心的刑事诉讼制度改革的实施意见》和《人民法院办理刑事案件第一审普通程序法庭调查规程（试行）》，同时规定了法庭应当重视对讯问录音录像的审查，讯问笔录记载内容和讯问录音录像存在实质性差异的，以讯问录音录像为准。这两份文件甚至把讯问录音录像提高到了"证据"地位，被告人书面供述与之不符的，以录音录像为准，且不局限于应当录音录像的案件。

对于移送到法院的录音录像，最高人民法院出台的不同文件对其定性要么是"证据材料"，要么是"证据"，因此讯问录音录像的性质很明显，至少是"证据材料"。

但是对于讯问录音录像能不能复制的问题，却存在着司法解释的模糊规定。

最高人民法院 2013 年的《批复》认为，"讯问录音录像是证据材料，辩护律师提出复制的，应当准许。"

实践最大的争议来源于最高人民法院《刑诉解释》第 54 条的规定，即"对作为证据材料向人民法院移送的讯问录音录像，辩护律师申请查阅的，人民法院应当准许。"这条规定肯定了移送法院的讯问录音录像是"证据材料"，但回避了讯问录音录像能不能"复制"的问题。

在肯定了讯问录音录像是"证据材料"的基础上，《刑诉解释》第 54 条显然是对《中华人民共和国刑事诉讼法》第 40 条规定的辩护律师可以对案件材料查阅、复制的"限缩"解释。

《刑诉解释》对司法实践起到直接的规范作用，法院倾向于认为是"不能复制"，也极尽所能地阻止律师复制，这样的理解显然与《中华人民共和国刑事诉讼法》相悖，违反立法精神。另一边，律师们则争取复制，毕竟作为"证据材料"，《中华人民共和国刑事诉讼法》说可以复制，《刑诉解释》也没有明确说不能复制。

根据《刑诉解释》起草小组的观点，《刑诉解释》第 54 条之所以没有明确规定"复制"问题，是因为："较之一般证据材料，讯问录音录像确实具有一定特殊性。特别是作为证明取证合法性的录音录像，可能涉及侦查办案的策略方法，也可能涉及其他关联案件和当事人隐私，一律允许复制，恐难以控制传播面以及一旦泄露可能带来的影响"；且"从实践来看，允许查阅，即可以满足辩护律师的辩护需要，充分保障其权益"。

上述理由同样肯定了讯问录音录像是"证据材料"，但是"比较特殊"，这样的理由说明最高法模糊了"复制"的问题。

当然，对于《中华人民共和国刑事诉讼法》《刑诉解释》之外的文件，也并不是所有法官和检察官都能熟悉，比如我在办理黄某案中，拿出了最高法的《批复》，某县检察院则拿出了最高检的《答复》，某县法院的法官才重视起来。《刑诉解释》作为直接指导司法实践最重要的规则，正是其第 54 条对"复制"的回避，才引起实践中如此大的争议。

需要明确的是，最高法、最高检通常只具有司法解释权，不能制定法律。导致今日争议如此之大，《刑诉解释》第 54 条，以及被广泛争议的最高检 2014 年的《答复》，与其说是"限缩"解释法律，不如说是减损了嫌疑人、被告人的合法权益。

综上，不管是哪种情况的讯问录音录像，除了最高检 2014 年的《答复》，在其他与之相关的众多文件中，有一点是共同的，也是明确的，即讯问录音录像至少是"证据材料"，是《中华人民共和国刑事诉讼法》第 40 条规定的能查阅、摘抄、复制的"案件材料"。对于实践中最大的难点——法院"不给复制"，检察院"不给观看"，实则是违背《中华人民共和国刑事诉讼法》的行为。

王发旭律师受邀参加京师（上海）律师事务所 2024 年的年会

我的观点和思路

《刑诉解释》和《关于办理刑事案件严格排除非法证据若干问题的规定》是直接、广泛应用于实务的司法解释，对于启动排非是多么重要，其与《中华人民共和国刑事诉讼法》规定相悖的时候，《中华人民共和国刑事诉讼法》甚至被束之高阁。

我认为起草小组对《刑诉解释》第54条的说明理由并不成立。

根据《刑诉解释》第55条规定，涉及国家秘密、个人隐私、商业秘密的案件材料，辩护律师也有权查阅、复制，只不过具有保密义务。举重以明轻，普通案件中，讯问录音录像作为证据材料，不可能比以上3种情形"更需要保密"，那么普通案件的讯问录音录像有什么理由不让复制？如认为允许复制可能导致律师泄密，那么律师接触的材料又何止讯问录音录像？

对于讯问录音录像，现行的相关解释至少承认其是"证据材料"，但我认为应该是"证据"本身。《中华人民共和国刑事诉讼法》第50条第1款规定："可以用于证明案件事实的材料，都是证据。"录音录像，是嫌疑人、被告人供述以及证人证言的"呈现状态"，讯问录音录像就是嫌疑人、被告人供述的电子化，可以证明案件事实，为什么不是证据？我非常认可最高法2017年的《关于全面推进以审判为中心的刑事诉讼制度改革的实施意见》和2018年的《人民法院办理刑事案件第一审普通程序法庭调查规程（试行）》的相关规定，即讯问笔录记载内容和讯问录音录像存在实质性差异的，以讯问录音录像为准。这两份文件实则是将讯问录音录像定性为了"证据"。

《中华人民共和国刑事诉讼法》并没有规定被告人供述或证人证言必须是书面材料，只是我国以书面办案的历史悠久，导致被告人供述和证人证言几乎都是书面形式。对于被告人供述，法律只规定了以笔录方式呈现需要被告人签字核对，并未禁止其他形式呈现。

讯问录音录像天然比书面笔录更能证明案件事实和取证过程，造假很难。而笔录造假却很容易，有的办案人员添加一些关键词会导致案件形成完全不同的走向，而当事人却没有这方面的意识，稀里糊涂就会签字。我甚至还遇到过，有的办案人员故意给当事人签字的纸面下方留下大量空白，当事人签完字后，办案人员再套打出一段能认定犯罪事实的描述。后来我辩护的当事人，都会让他们在签字的时候，把纸面空白处画满线条，以防办案人员添加虚假事实。

现行的司法解释规定了检察院自侦案件讯问时都是应当录音录像的情形，而由公安机关侦查的案件，出于物质条件限制，只有可能被判无期、死刑的案件才应当录音录像。根据《刑诉解释》第 74 条，对于应当录音录像的情形，检察院必须移送讯问同步录音录像，如不移送不能排除非法取证的情况，法院必须对相关供述进行排除。讯问录音录像只要移送到法院，我们辩护人就能争取在观看的同时复制。而对于大部分公安机关侦查的案子，不属于应当录音录像的情况，检察院也没有移送到法院，为上文提及的"只存在于检察院阶段的讯问录音录像"的情形，那才是真正的困难，连看都不让看。我们已经进入信息时代很多年，现在也有条件对所有刑案的讯问都采用同步录音录像，司法解释也应该与时俱进。

讯问录音录像无论从法理还是常理来说，其本质是被告人供述，但因为立法上的不明确（但也未禁止），导致"两高"的解释和其他文件对其性质和能否复制等问题，形成了很多争议。有的司法实践与《中华人民共和国刑事诉讼法》的立法精神背道而驰，亟须纠正。"两高"等部门可以联合出台新的司法解释，明确讯问录音录像应有的"证据"地位。

并且，我认为将讯问录音录像定性为"证据"，也能极大提高审判效率。控辩双方都可以对讯问录音录像仔细研究，在庭审调查环节，双方都可以指定播放内容，做到针锋相对、节奏紧密，案件事实如何、取证过程如何，一目了然。法官也能快速了解案情，知道双方争议点是什么，甚至当庭就能形成自由心证。

理想是美好的，现实仍然是残酷的。黄某案是由检察院侦办的职务犯罪案，是属于《刑诉解释》第 74 条规定的应当录音录像的情形，讯问录音录像要么移送法院，不移送又不能排除非法取证，那就得排非，这已经给我们降低了很多难度，我们辩护人要做的就是在法院阶段使力。但对于大多数公安机关侦查的案子，检察院几乎不会移送对被告人有利的录音录像，我们根本看不了，那么我们辩护人首先要思考的就是如何让法院调取这部分录音录像。

我的办法是尽力促使法官去调取。

例如，先给主办法官打电话，并录音。问法官："检察院移送的录音录像怎么样了？都移送了吗？我当事人提供了线索，说他具体哪天哪个时刻被刑讯逼供了，我们必须要看录音录像。要是看不到录像，就得排除相关供述，这是规定，要么调录音录像，要么排除非法证据。"法官往往说要去跟检察院沟通一下，接着你就可以把电话录音和排非申请，一起寄给法官，证明自己向法院提供了非法取证的明确线索，也正式提交了申请排非的明确材料，同时表明了自己是有备而来，不会轻易妥协。如果法官不调取，你可以拿着录音和排非申请去投诉、控告法官。

《关于办理刑事案件严格排除非法证据若干问题的规定》赋予法院调取讯问录音录像很大的自主权，这时候法官往往会害怕承担责任，而去检察院调取，因为调取又不是多大的事，只是让法官行个便利。

法院一旦通知检察院要调取讯问录音录像，那么根据《关于办理刑事案件严格排除非法证据若干问题的规定》，就是法院认为讯问录音录像与证据合法性有关，就是法院对取证合法性存疑，是法院启动了排非程序。接下来的情况如下：

（1）检察院不配合移送。那么被告人对应的供述笔录就不能排除被非法取证的可能，对此就应当排除，除非有别的证据证明没有非法取证。

（2）检察院配合移送。那么在庭前会议阶段，公诉人就要对取证合法性进行说明，如控辩双方对非法取证达成一致意见，法院对此也没有疑问，法院就应当作出排除非法证据的决定，并在开庭时公布排非结果。

（3）检察院配合移送。庭前会议阶段，控辩双方对非法取证不能达成一致，法院对证据合法性有疑问，则应当在庭审中启动调查。

实务中，很多辩护律师不明白讯问录音录像的重要性，对于检察院不移送讯问录音录像的情况，辩护律师没有去争取，而只是根据当事人口述写成排非申请向法院提交。这样的排非申请在法院看来往往是"线索不明""材料不实"，自然很难启动排非程序。

在此还要提醒，法院把录音录像调过来后，要注意看其是不是处于"封存"状态，如果是未封存的，那很可能是被检察院删减过的，移送过来的全是对控方有利的部分，那我们辩方要调录音录像还有什么意义？录音录像必须是"封存"状态，我们控辩审三方当面打开，一旦未封存，那我们辩方也不看了。讯问录音录像既然已经调过来了，就是启动了排非程序，要是录音录像被删减过了，那么根据规定，不能证明取证合法，就应直接排除掉相关供述。

以家属胁迫是"审讯策略"？

范律师根据黄某提供的线索，复制了大概 200 个小时的讯问录音录像，这些录音录像中有侦办检察官大量重复的、明显的胁迫逼供。

如 2017 年 7 月 25 日的同步录音录像中，侦办检察官李某某这样说："黄某你别再给我叽叽歪歪，你要再这样给我记不清，我们非把你老婆的事弄清楚不可……明天就研究你老婆的事，还有你女儿和女婿……"因为黄某对李某某提到过的几个行贿人记不清了，李某某威胁要查黄某妻子和女儿女婿。

李某某又提道："不完成任务是不行的，黄某你现在交代的还差得很远，对你的要求并不高……我们不为难你，就再交代 200 万元……"黄某在会见时对我们说，他此前在纪委双规阶段交代了全部受贿事实，就 100 多万元，到了检察院阶段，李某某一直跟他说要"完成任务"，要再加 200 万元，把受贿数额抬上去。当时，《最高人民法院、最高人民检察院关于办理贪污贿赂刑事案件适用法律若干问题的解释》（2016 年已经施行）规定，受贿数额达到 300 万元以上，为"数额特别巨大"的情形，要被判 10 年、无期或死刑。如果黄某受贿 300 多万元属实，李某某就是侦破了一起重大职务犯罪案件，很可能构成立功。

2017 年 7 月 27 日，黄某在李某某的胁迫下开始编造受贿过往，每个给他送钱的都是 5 万元，李某某再问细节，黄某就说想不起来了。李某某斥责黄某："你说的这些能查证吗？你别给我编。"黄某哭诉："你这样逼供,我为了救我的家庭,你不让我编我也得编。"李某某提醒黄某:"你要是想救你老婆,就一个一个慢慢说,说清楚,你这样交代你觉得有用吗?"李某某认为黄某5万元、5万元地加太慢,问他有没有30万元、50万元的,黄某说没有,李某某又说10万元、20万元的也行,黄某还是说没有。李某某接着说出了十几个人,让黄某好好回忆一下。李某某提醒黄某:"再回忆个10人、8人,200万元任务不就完成了?"

2017年8月2日,李某某讯问黄某,诱导提问其任某县县长和县委书记的时候,乡镇换届时的人事调动有没有问题,李某某说:"我就给你提示到这了。"黄某说:"在某县任职的时候就想给当地留下一个好印象,确实没问题,现在家庭对我来说最重要,我已经被逼到这份上了,没有的事就是没有。"

黄某又问李某某:"李处长,你见过我妻子没有,她的身体现在是什么情况?"李某某回复:"她身体没事,有药吃,有水喝,也有饭吃。"李某某暗示黄某,已经抓了他的妻子,但其实李某某并没有见过黄某妻子,也不可能见到,这里有个插曲,后文再说。李某某接着对黄某说:"你的情况决定了她的出路,你明白吗?现在给你的200万元任务还没完成,这不是我定的,要是我得给你定到500万元。"李某某接着跟黄某透露了另一个县长职务犯罪的事,李某某说那位县长交代了1000多万元,说黄某态度不好。

2017年8月23日上午,李某某讯问黄某,黄某问庭审的时候法官是不是要重新问他一遍。李某某回答:"法官不问,就是公诉人按起诉书念一下,一个事一个事地给你念出来,问有没有这个情况。法官就是提纲式地给你问一遍,比较简单,就是把我们侦查部门提供的情况再核实一遍。最多做个几页的笔录。"黄某问:"那我找律师有啥用?你赶紧给我闺女打个电话,让她别找律师了,有那钱还不如省下来给外孙女买牛奶喝,俺闺女赚钱不容易。按你说的这样,律师根本也插不上话。"李某某说:"律师可以提提建议。"黄某非常沮丧地说:"提建议有啥用,我现在说没有都不管用,他到时候说没有能行吗?"李某某没回答,把话题转移到行贿人身上。

2017年8月23日下午，李某某继续讯问黄某，黄某交代完一些人后，李某某说："下一个。"黄某答："曹某。"李某某打断黄某，说："不是这个，这个等会儿再说。"由这段对话可知，所谓的同步录音录像是已经彩排好的，黄某记忆中的顺序与检察官电脑中记录的顺序不一致，检察官对黄某进行提示。

在黄某被李某某讯问期间，同步录音录像出现了李某某重复地、明显地威胁黄某家属的内容，如果这都不是《关于办理刑事案件严格排除非法证据若干问题的规定》中规定的，威胁近亲属合法权益，"使犯罪嫌疑人、被告人遭受难以忍受的痛苦而违背意愿作出的供述，应当予以排除"的情形，那么什么是应当排除的非法证据？

看完录音录像后，黄某处于提起公诉阶段，由法院接管。我们去看守所会见黄某，跟他核实被胁迫的事，并确定要不要申请排除非法证据。黄某却跟我们说，之前主办讯问他的检察官李某某来看守所找过他，劝他不要申请排非，还是以他妻子孩子威胁。我一听就很气愤，黄某已经由某县法院接管，李某某是怎么进看守所的？李某某有什么权力来见当事人？还威胁当事人？

我们跟黄某沟通完，认为排非成功的可能性非常大，不排的话，起诉额300多万元，至少10年起步，现在检察院侦查已经结束，家属也很安全。黄某最后跟我们高度统一，确定要排非。接着我们就给某省检、某市检、某省高院、某市中院和某县法院都写了投诉信，控告某县法院违规给李某某手续，以及李某某违规会见、威胁当事人。投诉信也很管用，之后李某某也没再找过黄某。

确定申请排非后，范律师以录音录像中的内容和黄某提供的线索，概括性地写了一份排非申请，寄给了主办法官。某县法院接着开了四次庭前会议，第一次庭前会议时，我们选择播放了李某某威胁黄某家人的部分录音录像，要求排非，某县检察院的检察官当场表示："这是一种审讯策略，不是非法取证。"某县法院的法官没有表态，脸色很难看。第一次庭前会议结束，某县法院没有决定要不要排除非法证据。第二次、第三次、第四次庭前会议没多久也相继召开，但某县法院还是没有明确的态度。

这么拖下去不是办法，在第四次庭前会议结束后，范律师花了一个月的时间，将讯问录音录像中涉及非法取证的部分全部整理成了文字版。整理完后，形成了大概 20 万字的材料，范律师又在重点处仔细标明了黄某被胁迫逼供的前因后果，然后把 20 万字的材料全部打印出来寄给了某县法院。

几个月后，某县法院通知我们要开第五次庭前会议，这一次证据确凿，某县检察院松了口说可以排除。相信这几个月时间里，某县法院跟某县检察院进行了充分沟通。

第五次庭前会议结束后，某县法院确定了开庭时间，并通知我们在开庭前一天要召开第六次庭前会议，把排非这块确定好了。我们说开庭前一天得下午才能到，主办法官说多晚都等我们。

第六次庭前会议上，某县检察官对我们说，"我们也同意排非了，但你们律师也别发朋友圈什么的了，别说出去，说出去的话，我们可就不同意了。"主办法官回了检察官一句："排不排除非法证据不是你们检察院说了算。"因此在第六次庭前会议上，我们控辩双方达成一致，法院也没有疑问，黄某在检察院侦查阶段的供述被全部排除掉。

"排非"要求被法庭全部采纳

黄某于 2017 年 7 月 20 日被逮捕，我们于 2017 年 8 月介入，某县检察院于 2018 年 3 月 1 日向某县法院提起公诉，某县法院于 2019 年 10 月 29 日一审开庭。黄某案到法院后，进展缓慢，某县法院在长达 1 年半的时间里开了六次庭前会议，最后一次庭前会议于开庭前一天召开，法院决定排除掉检察院侦查阶段的非法证据。

在我们介入案子到开庭前，我和范律师走访了黄某履职过的某市市政府、某县乡政府等地，向黄某曾经共事过的同事进行了取证，也向检察院指控黄某受贿案中的 20 多个"行贿人"进行了取证。

黄某曾经的同事对他评价非常好，对他入刑表示很无奈。比如某县县委办公室主任跟我们说，他每年最怕的就是逢年过节，因为一到逢年过节，黄县长（黄某时任县委书记和县长），就会拿来一个大的鱼鳞袋，里面装满了钱和纸条，纸条上写明了都是谁谁谁过节给他送的钱，黄某让主任都给他退回去。主任觉得很为难，因为给黄某送钱的那些局长他都认识，但是不退又不行，因为是领导安排的任务。这些某县检察院都给认定为受贿罪既遂。还有我们在黄某家中也找到了很多发黄的收据，也是他当某县县委书记和县长时，别人给他送的钱，他转手就交到了县委办公室、县政府办公室或者纪委办公室，收据加起来大概有 60 万元。黄某告诉我们，大部分收到的钱虽然最后要么退回去，要么上缴，但是一开始不收不行。黄某说，给他送钱的局长们能决定他每年的民主测评，如果一开始就把送钱的局长们拒绝的话，那民主测评他肯定过不了。

　　某县检察院起诉黄某的犯罪事实有 45 项，涉及 45 个"行贿人"，这里面有很多局长、乡长、学校校长、协会会长、各类商人。我们找到了20 多个"行贿人"核实"行贿"一事，他们当中大部分表示是迫于检察院的压力，被威胁"不承认不行"。

　　《中华人民共和国刑法》第 390 条第 3 款规定："行贿人在被追诉前主动交待行贿行为的，可以从轻或者减轻处罚。其中，犯罪较轻的，对调查突破、侦破重大案件起关键作用的，或者有重大立功表现的，可以减轻或者免除处罚。"因为刑事起诉权在检察院手里，同时《中华人民共和国刑法》对行贿人的处罚又网开一面，现实中有时只要"行贿人"完全听从，指认受贿人的受贿事实，检察院就会许诺不追究"行贿人"责任，很多职务犯罪的冤假错案就是这么产生的。

　　第六次庭前会议，某县法院决定排除非法证据，我们申请排除的非法证据是"2017 年 7 月 21 日至 2017 年 9 月 12 日之间黄某的有罪供述笔录"，这段时间是检察院侦查期间。我们调查的 20 多个"行贿人"与申请排非时间段中涉及的"行贿人"，基本重合。

　　2019 年 10 月 29 日上午，黄某受贿案一审开庭，只用了 2 个半小时，庭审就结束了。其间我们申请排除非法证据，审判员说同意，然后说要休庭，合议庭要评议。十几分钟后再开庭，审判员公布排非结果，说我们辩护律师提的要求很有道理，检察院侦查阶段，即"2017 年 7 月 21 日至 2017 年 9 月 12 日之间"不能排除非法取证的可能，这期间被告人有罪供述应当排除，检察院也没提异议。我们辩护人提出的 20 多人行贿证据不足，结合了排非程序，最终某县法院以证据不足为由，没有认定这其中 20 多人的行贿事实。黄某的受贿额从 300 多万元，打到了 170 多万元。庭前会议和庭审上，我们向法院建议量刑 3 年 6 个月比较合适。

黄某受贿案，只在 2019 年 10 月 29 日上午开了一次庭。7 个月后，2020 年 6 月 4 日，某县法院作出了一审判决，黄某被判 4 年。此前黄某已经被羁押了 3 年，折抵刑期后，黄某实际服刑了 1 年就释放了。黄某和家属对判决结果很满意，也没再上诉。

中间有个插曲，我和范律师于 2017 年 8 月介入黄某案，当时黄某还处于检察院侦查阶段。我们先是跟黄某家属了解了基本情况，我就预判检察院一定会以家属威胁黄某，尤其是黄某妻子。黄某妻子是某市中级法院干部，我就把检察院的思路跟她明说了，在黄某被侦查的阶段，建议黄某妻子不要跟检察院接触。黄某妻子非常理解与配合，她直接消失了大半年，连我们都联系不到她，直到黄某案到了法院起诉阶段，她才又出现。

2025 年 3 月，王发旭律师与中国人民大学法学院副院长、北京市监察法学研究会常务副会长王旭等，研究"北京市监察法学研究会"工作

办案总结：

黄某服完刑出来后，他们一家人特地来北京当面感谢我和范律师。黄某精神状态非常好，现在给私企当法律顾问。

黄某案是我辩护过的厅级干部里受贿额最小的一个，黄某甚至可以说是清廉，主观恶性很小。黄某案中很多受贿事实的认定，都是某一个人逢年过节送了他十几次、二十多次，加起来才达到几万元钱。从1998年任某县县长，到2017年任某市常务副市长，为官20年，黄某一共受贿170多万元，最后全部主动退赃。在案发前，黄某给时任某市的市委书记寄了两封自首信，一封是要给某省省委的，一封是要给某市市委的。在被纪委双规期间，他对自己的受贿行为全部交代，就是100多万元。黄某的主观恶性和自首情节，某县法院在量刑时也进行了充分考虑。

黄某案告诉我们，职务犯罪中，有很多当事人是身不由己，受贿大概率是既定事实，但是犯罪数额方面可大有文章。根据"两高"《关于办理贪污贿赂刑事案件适用法律若干问题的解释》，300万元是一个标志性象征，看到案件起诉数额在300万元以上没多少的，应迅速感知这里面大概率有逼供、强加的情形。辩护律师的重点是要看到和复制到讯问录音录像，由此才有可能启动排非，并排非成功，在量刑上充分保护当事人合法权益。后来听河南某市中级法院的一个庭长对我们说，黄某案是河南某市职务犯罪排非成功第一例。

我认为黄某案能成功启动排非和排非成功，表面上有一些运气好的偶然因素，但起决定作用的则是必然因素。运气好的因素，在于侦办人员确实很明显地对黄某进行威胁，但这真的是"偶然"的吗？权力在手的办案人员，他们自己还以为是正常的"审讯策略"。我们排非成功决定性的原因在于这些必然因素——如我们深知讯问录音录像对于排非的重要性，一开始就要全力争取；范律师非常了解法院，做好了准备，带着能读"光驱"的硬盘，最后成功复制到讯问录音录像；如我很了解办案机关思路，及时给出黄某家属合适的建议，并严肃控告办案人员的违规行为；再如范律师这样兢兢业业，最后整理出了 20 万字的材料寄给法院。如再遇到类似黄某这样的职务犯罪案件，我仍然有信心能够启动排非和排非成功。

在此我想缅怀一下我的好友，也是曾经的搭档——北京市京都律师事务所的柳波律师，他曾著成一书《证据的脸谱：刑事辩护证据要点实录》，柳波律师对讯问录音录像的法庭命运有过非常精彩的论述。在我写本书此篇的时候，突闻柳波律师去世的消息，心中百感交集，此篇就以柳波律师的一首诗作为结尾，"十年执业路漫漫，专于刑辩心不变，钻研证据重事实，钻入个案业绩线。"柳波律师对专业的执着，也是我的执着。

第七章 大连市某国企"假改制"

——姜某贪污案无期改判 10 年有期徒刑

1992 年之后，我国国企改革进入第五阶段，即通过改变股权结构，使国企成为市场竞争主体。很多国企引入了员工持股制度，这其中不乏有的地方政府作出的"假改制"现象，即一些中层干部私自编了材料、盖章，将员工登记为股东，而被登记的员工既不知情、也未出资。明面上，改制后的国企，成为股份制公司，国有股可能还有部分参股，而实际上，这还是一家国有独资公司，财产仍是国家的。因此这就会引发一些表里不一的犯罪问题，如不知情的第三人侵占了该公司财产，是定贪污罪？还是职务侵占罪？还是侵占罪？

2014 年我辩护的姜某贪污案，就是这种国企"假改制"现象的典型案例，姜某就是这种"假改制"的典型受害人。姜某案中，因所涉的几家关联国企令人眼花缭乱的经营操作，姜某本人都不清楚与他签合同的相对方到底算哪一家公司，又是什么性质的公司。姜某因承包了"假改制"的国企，经营其库房，后来库房拆迁获得相应拆迁款，姜某被控贪污罪，一审被判无期，并没收全部财产。姜某本人不能说清楚其中的缘由，但直觉自己很冤。

我在二审介入后，迅速锁定案子"假改制"的基础问题，公司的性质决定姜某的罪名。我深知法院如不想将案子影响力扩大，就必须将"假改制"认定为"真改制"，那么我的当事人姜某就绝不可能构成贪污罪。姜某案经过二审发回重审，后又重审二审，最终贪污罪改成了职务侵占罪，无期徒刑改成了 10 年有期徒刑。

姜某案重审二审这个结果，是真理向现实妥协的折中结果。实事求是地讲，姜某最多算构成侵占罪，但侵占罪是自诉罪，这是个大问题。姜某家属对这个结果很满意，二审法官也很感激我提出职务侵占罪的辩护意见，认为我支持了法院的工作。姜某案中，这场国企"假改制"案里面有很多错综复杂的民事问题，从始至终，检察院和法院不敢去细究。

起源于另一桩案子

2013 年，孙某被控诈骗 1877 万元，一审被判无期，我介入二审后，该案发回重审，孙某诈骗罪被定罪免罚，这在大连司法系统内引起了很多关注。

2013 年 12 月的某个晚上，我正跟几个律师交流孙某的案子，孙某的家属打来电话，说有人想委托我，案件性质与孙某的相似，也跟拆迁款有关。孙某的家属说，这个当事人家属现在就在她家，是特意开车到村里来找我的联系方式的，问能不能跟我先通个话。

我感慨当事人的不容易，直觉这案子没那么简单。跟我通话的是姜某的女儿，她作为姜某近亲属，一审和委托的律师一起担任姜某辩护人，我问她具体什么情况，她也说不清。我的直觉是对的，连近亲属辩护人都不清楚案子基本事实，一审无期判完了来找我，我大体觉得不好改动，想要拒绝。姜某女儿在电话里说了一句话打动了我，她说，姜某认为只有我能救他，二审委托我，如果我也改变不了结果，那么他们家就彻底认了。于是我同意先见一见姜某家属，看一看基本材料。

后来我听说，姜某和孙某一起在大连看守所待过，孙某把我说得有些神化，姜某又找到看守所的管教打听我。看守所和监狱里经常会发放法治类的报纸和杂志，其中《民主与法制》周刊就经常找我约稿，刊登我的一些成功案例。管教确实听说过我，就拿了报道过我的杂志给姜某看，看完后姜某铁了心要找我。姜某家属直接开车到孙某的农村老家，问我的联系方式。

我跟姜某女儿通完电话后，第二天她就带着材料飞到北京京师律所来找我，当时姜某案正在上诉期。我大概看了姜某一审判决书和上诉书，姜某等三被告在一审中全部认罪，如以构成贪污罪为基本事实，姜某贪污 3200 多万元拆迁款，按照当时的《中华人民共和国刑法》规定，判处无期和没收全部财产，这个处罚并不重。上诉书中，也没有新的事实和理由，辩护空间不大。我跟姜某女儿明说，姜某案跟孙某案不同，二审我并没有把握能扭转乾坤。

姜某女儿再一次跟我说，只要我尽力，结果怎样她们家都能接受。面对如此通情达理的当事人，我很感动，也很受激励。于是见面的当天，姜某女儿就在律所和我签了委托合同，并很快把律师费打了过来。

认为律师能找关系

2014 年元旦前，我去大连会见姜某，问了姜某几个问题，他根本说不明白。但姜某有朴素价值观，他认为自己手续齐全，表面是承包公司，实际是买断公司，自己经营公司的库房好几年，没人来找过他说有纠纷，库房一拆迁，他拿到拆迁款怎么就成了贪污了？姜某认为，拆迁款里就算有公家的部分，他还回去就是，一审直接给他判无期可就太冤了。

姜某的话听起来有一些道理，但很明显经不住法律上的推敲。如他说的"表面是承包公司，实际是买断公司"和"公家的部分还回去就是"，那么到底是承包还是买断公司？姜某对涉案公司库房的拆迁款有没有民法上的请求权？涉案公司到底是什么性质？拆迁的库房中是否包括公家的财产？如包括公家财产又占多大的比例？姜某是一开始就有非法占有的目的，还是后来的拒不返还？拿了公家的拆迁款部分是否构成贪污罪？拿了不属于公家的拆迁款部分是否构成职务侵占罪？又或者姜某只是拒不返还拆迁款构成侵占罪？不同的情形，则是完全不同的罪名和量刑。

通过和姜某以及他女儿的初步沟通，我发现他们说不明白的地方都在于"公司性质"和涉案的"库房产权"，而这两个基础事实决定了姜某到底构成何种罪名。人的朴素价值观往往接近正义本身，姜某感觉自己太冤大概率是真的被冤枉了，想要给他洗刷冤屈，就得弄明白他和他女儿都说不清楚的问题。

不过姜某刚开始并没有动力弄清楚案子问题出在哪，他认为一审法院给他判无期，是因为他没找关系，在大连找关系还不够，得去省里找关系。我听到姜某的想法心情比较复杂，他和他家属这么费劲找到我，这是觉得我能给他找关系啊！姜某大概是只看到杂志上报道了我，但却没仔细看我写了什么吧！我对姜某说："我不是那种勾兑的律师，我打官司就没找过关系，你要是信不过我，咱们可以解除委托合同，我把律师费退给你。"

姜某的表情有些尴尬又有些不好意思，说他当然相信我的能力。

会见完姜某后，我就在大连开始阅卷，复制了60多本的卷，然后我用行李箱把材料都拉回了东北老家。我清楚地记得回到家的那个晚上，是在春节前两天，室外气温很低，万家灯火通明，我在楼下停留了几分钟后就上了楼。之后大概有两周的时间，我就没再下过楼，一直在研究姜某案的材料。

5万字笔记厘清20年事实

来回看了几遍姜某的材料，我写了5万字的笔记，还原出的事实是这样的：

1987年，某化工公司（国有独资）与某仓库（大连某村的集体企业）签订了一份合同，约定某化工公司租用某村集体土地，并在集体土地上建设仓库，这个仓库就是涉案库房，简称"化工库"。按照约定，"化工库"的产权和经营权归某化工公司所有，也即"化工库"是国家的。

1989年，某化工公司又与某仓库签订《租用仓库合同》，该合同约定，某化工公司租用某仓库全部场地，继续出资建设"化工库"。注意，某仓库只有土地，"化工库"是指某化工公司在该土地上的建筑物。

1999年，某化工公司改制更名为某公司，某公司仍是国有独资公司。

1999年，国有独资公司瑞某仓储成立。同年12月，为了响应国企改制政策，瑞某仓储由董事长张某和总经理徐某主持，进行改制，引入职工持股。改制后的瑞某仓储，由某置业（国有独资）占20%，员工持股80%，法人代表也由张某更换成了员工于某。

后来我经过调查取证发现，瑞某仓储改制的材料、盖章和登记等事项，均由张某和徐某编造并完成，持股的员工根本不知道自己成了瑞某仓储的股东，也没有实际出资，于某也不知道自己成了瑞某仓储的法人代表。明面上，瑞某仓储已经改制成了股份制公司，不属于国有独资或国有控股公司。但实际上，在张某和徐某等内部人士，以及大连国资系统看来，瑞某仓储仍然是国有独资公司，公司财产仍是国家的。

2000 年 12 月，某公司解除了《租用仓库合同》，至于某公司投资建设的"化工库"产权归属，由某公司和瑞某仓储另行协商解决。某公司另外欠某仓库 119 万元的场地租金没有支付。

2001 年 1 月，瑞某仓储与某仓库签订《租赁合同》，约定瑞某仓储租赁某仓库的全部场地，租赁期限为 20 年，每年 22 万元租金，总租金 440 万元。双方在合同中约定，某仓库所有建筑物产权和经营权归瑞某仓储，瑞某仓储继续投资扩建"化工库"。

另外，瑞某仓储和某仓库还签订了一份《还款计划》，约定：瑞某仓储代替某公司偿还之前欠的 119 万元租金。

我翻遍材料，没有发现某公司和瑞某仓储到底是如何约定"化工库"产权的。但瑞某仓储承接了某公司甲方位置、代替某公司偿还租金、与某仓库约定场地建筑物产权归属自己，瑞某仓储在 2001 年 1 月事实上取得了"化工库"产权。瑞某仓储的性质决定其财产"化工库"到底是国家的，还是私人的，因此 1999 年瑞某仓储"改制"问题至关重要。如认定"改制"有效，"化工库"则不属于国有独资或国有控股公司的资产，姜某作为瑞某仓储之后的承接者，根据工商部门的登记公示，是不知情的第三人，不可能构成贪污罪。

但真实情况是国企"假改制"，瑞某仓储性质如前文所述，存在明面上和实际上的不同。

2000 年，某外经贸公司成立（国有独资），某市国资局授权某外经贸公司经营国有仓储资产。2001 年 3 月，某外经贸公司在授权范围内，重组某市国有仓储资源，成立了华某仓储公司（国有独资），瑞某仓储的"化工库"自 2001 年 3 月起由华某仓储公司接管。

于是一系列表里不一、让人眼花缭乱的操作来了。

某外经贸公司、华某仓储公司以及瑞某仓储实际上是一套人马，三家公司都由张某和徐某掌控，公司公章都在张某和徐某手中，对外签合同盖章很随意。华某仓储公司接管"化工库"后，关于"化工库"的很多民事关系就变得暧昧不清。"化工库"产权是瑞某仓储的，但是对外签合同的民事主体，却是华某仓储公司和某外经贸公司。

姜某原是瑞某仓储的员工，因其具有商业眼光，想跳出来单干，承包"化工库"经营。2001 年 7 月，华某仓储公司接管"化工库"4 个月后，姜某与其签订了《承包经营合同》，约定由姜某承包"化工库"，盖章的是张某，盖的是华某仓储公司的章。姜某每年向华某仓储公司上交 5 万元承包费，承包期限为 8 年，并承担某公司拖欠某仓库的 119 万元租金，以及负责瑞某仓储 15 名员工的工资。

这份合同名义上是姜某承包"化工库"，实际操作上，是姜某买断了股份制公司瑞某仓储。姜某承接了由某公司遗留给瑞某仓储的 119 万元租金债务；姜某在向华某仓储公司交承包费的同时，还以自己名义每年向某仓库交 22 万元的租金（本应由瑞某仓储支付）；对于瑞某仓储 15 人的工资，姜某是买断了包括这 15 人在内的 18 名员工的工龄，这 18 名员工也是瑞某仓储的名义自然人股东，合计占股 80%（买断费 2004 年支付完）。

因某外经贸公司、华某仓储公司和瑞某仓储的管理过于混乱，瑞某仓储于 2004 年 9 月被吊销经营资格，华某仓储公司于 2005 年 9 月被吊销经营资格，只剩下某外经贸公司对外经营。

在瑞某仓储和华某仓储公司经营资格被吊销前，2004 年 6 月，张某以某外经贸公司的名义与姜某签署了关于"化工库"的第二份《承包经营合同》。合同约定，姜某承包期限为 18 年，承包金每年 3 万元。第二份《承包经营合同》生效期间，第一份《承包经营合同》未到期，未废止，也没有其他说明。但两份《承包经营合同》的内容并不重要，因为姜某一直按买断瑞某仓储的方式在履行义务。姜某和某外经贸公司签署第二份《承包经营合同》后，姜某向张某一次性交足了 18 年的承包款，共 54 万元，并支付完员工股东剩余的买断费，员工股东退出瑞某仓储。张某把《承包经营合同》原件给了姜某，认可了姜某买断瑞某仓储的事实。

后来我调查取证找到了瑞某仓储名义上的法人代表于某，于某原先也是瑞某仓储的员工，他向我提供了一份《某仓库改制方案》。这个改制方案证明了 2004 年瑞某仓储实际上是近乎零对价卖给了姜某，瑞某仓储的资产主要就是"化工库"，当时瑞某仓储已经资不抵债，由姜某承担所有债务。

如认为姜某 2001 年表面"承包"实际"买断"的民事行为，缺少充分的材料证实，存在争议空间，那么由此对比，2004 年姜某买断瑞某仓储则是证据充分。

但因为签订的是"承包合同"，姜某认为自己买断瑞某仓储的行为可能说不清，某外经贸公司、华某仓储公司和瑞某仓储之间的关系也说不清。于是在 2004 年姜某成立了自己的宝某仓库（个体工商户），并打算让宝某仓库在这段复杂的民事关系中浮出水面。宝某仓库成立后，姜某需要以宝某仓库的名义顶替瑞某仓储的位置，跟某仓库重新签订《租赁合同》。

姜某向张某一次性交足 18 年的承包款后，2004 年 7 月，瑞某仓储总经理徐某盖章出具了《变更合同名称证明》，同意瑞某仓储退出 2001 年 1 月与某仓库签订的还未到期的《租赁合同》，同意由宝某仓库和某仓库继续签订《租赁合同》。宝某仓库新签订的《租赁合同》跟原合同比，除了甲方变更，其他条款均不变，根据合同约定，某仓库的建筑物产权和经营权归宝某仓库。宝某仓库之后又跟某仓库签订了《还款计划》，承担瑞某仓储 119 万元的租金债务。

宝某仓库成为名正言顺的甲方后，2004 年 7 月，姜某实际上和明面上都拥有"化工库"的产权和经营权，但前提是瑞某仓储"改制"为真，可以被买断。买断瑞某仓储后，姜某对"化工库"又进行了修缮和扩建。那么既然"化工库"是个人经营的，2009 年"化工库"拆迁，姜某拿走属于自己的拆迁款，何罪之有？

潦草的起诉书和原一审判决书

理清事实后，我再细究姜某案的起诉书和原一审判决书，可以说是漏洞百出。检察院对姜某案的基本事实认定很潦草，法院则完全不作思考全盘采纳检察院的观点。

起诉书和原一审判决书直接回避了对瑞某仓储的性质认定。对于某外经贸公司、华某仓储公司以及某置业等国有公司，起诉书和判决书都会标明其性质，即国有独资。但唯独本案争议的中心，瑞某仓储的性质，丝毫不作说明，不说这是国有公司，还是股份制公司，对瑞某仓储"改制"一事也根本不提。

对于"化工库"的流转过程和产权认定没有相关论述，"化工库"一出场就被直接定性为"国有资产"。

对于某外经贸公司、华某仓储公司和瑞某仓储之间混乱的民事行为，没有任何分析。对于姜某为什么经营的是瑞某仓储的"化工库"，却跟某外经贸公司和华某仓储公司签订《承包经营合同》，而且还是签订了两份，没有任何说明。对于姜某表面是承包，实际履行的是买断义务的民事行为，不作任何评价。

起诉书和原一审判决书给姜某定贪污罪的论述非常简单。首先，一上来属于国有财产的"化工库"有了；其次，根据《承包经营合同》，姜某作为国有公司委托经营国有财产的贪污犯"身份"也有了；最后，姜某拿走属于国家拆迁款的犯罪结果也具备了。以上三个要件，得来全不费工夫。姜某是否构成贪污罪，还差一个主观故意。在主观方面，公诉方则是抓住了姜某民事行为上的瑕疵，胁迫其他被告作出虚假供述。后该证据在重审二审中被当成非法证据排除。

这里需要引入本案第三被告张某，以及第二被告李某。

张某原是某仓库的法人代表，某仓库是某村集体企业。2003 年 10 月，经该村村委会决定，将某仓库（村集体拥有的是仓库土地，不包括地上建筑）整体转让给张某个人，张某取得仓库土地使用权 50 年。原某仓库签订的合同继续有效，不受影响。因此 2004 年，瑞某仓储退出租赁关系，《租赁合同》和《还款计划》实际上是姜某与张某签的。这里面因为姜某和张某签订合同时的瑕疵操作，给未来埋下了巨大隐患。

姜某买断瑞某仓储的行为是从 2001 年开始的，是以个人名义每年向某仓库交 22 万元的租金。2004 年宝某仓库成立后，姜某就以宝某仓库的名义继续履行买断义务。姜某为了保障 2004 年以前以个人名义从事的买断行为，于是就跟张某倒签了合同，把 2004 年签订的《租赁合同》和《还款计划》的落款时间改成了 2001 年，甲乙双方分别是宝某仓库和某仓库。

倒签合同在民事活动中如此常见，《租赁合同》和《还款计划》是姜某和张某双方真实意思的表示，不违反法律和行政法规禁止性规定，也不是恶意串通损害他人利益，是真实有效的合同。

但因为"倒签"这个民事上的瑕疵，检察院以此大做文章，胁迫张某作出虚假供述，让张某承认是在 2008 年"化工库"确定要拆迁的时候，跟姜某签订的合同，目的是骗取国家拆迁款。第二被告李某是宝某仓库的会计，宝某仓库签订的《租赁合同》和《还款计划》是李某提交的。李某也承认两份合同签订的时间是 2008 年，但是李某作出的供述跟张某的供述高度一致，连陈述的语句、标点符号都一致，这很明显是打字复制粘贴的结果。姜某一直坚持称《租赁合同》和《还款计划》是 2004 年签订的，但有了张某和李某的供述，检察院认为姜某具有贪污罪的主观故意，原一审法院对此同样认可。

另外，原一审判决认定的姜某贪污数额就是涉案"化工库"的拆迁款数额，为 3200 多万元。姜某在庭审中提出拆迁款中有很大一部分是经营损失补偿，不是纯粹的库房拆迁款，请求法院在犯罪数额上予以扣减。原一审法院某市中院对此评价是：经营损失客观存在，但无法查清，在量刑上予以酌情考虑。酌情考虑的结果还是无期徒刑和没收全部财产。

后来我通过取证发现，3200 多万元拆迁款中，经营损失补偿有 2700 多万元，就算不承认姜某是"化工库"所有权人，但承认姜某是承包人没有争议，2700 多万元的经营损失补偿本来就是姜某这个承包人的。"化工库"关于所有权的拆迁款争议只有 500 万元左右。某市中院认为经营损失"查不清"，在后来的重审二审判决中，被二审法院评价为"事实疏漏"。

原一审中，公诉人某市检察院指控姜某犯贪污罪，李某和张某为姜某贪污罪的帮助犯，三人为共同犯罪。判决载明，姜某、李某和张某对贪污罪事实没有异议，三被告的辩护人对此也只是从"自首"的角度请求法院从轻判决，但"自首"意见并未被法院采纳。最终，原一审判决姜某无期徒刑、没收全部财产，李某 15 年徒刑，张某 10 年徒刑。

连续 8 天实地取证

研究完姜某案的所有材料，我整理出了 50 多个问题，带着助理律师就来到大连取证。

我们取证围绕的核心问题是：瑞某仓储改制过程、"化工库"产权归属、姜某与张某签订《租赁合同》《还款计划》的时间、姜某与张某签订两份《承包经营合同》的过程、拆迁款中经营损失补偿的比例、姜某与张某关于拆迁款的纠纷过程。

首先最要紧的就是研究瑞某仓储的改制过程。我带着助理律师连续几天穿梭于大连市几个区县的工商局之间，对涉案的相关企业所有的档案材料全部复印，包括档案的卷皮，并要求工商局对每一卷宗的目录盖章且加盖启封章。

根据工商局的材料，我挨个打电话联系瑞某仓储改制后的自然人股东。这些自然人股东本来都是瑞某仓储的员工，瑞某仓储于 2004 年 9 月被吊销经营资格，在我进行取证的 2014 年初，他们早已退出瑞某仓储很多年。听说我是来调查姜某案的，他们大多数都是拒绝，也不会与我见面。

有一个叫孙某的股东在电话里没有明确拒绝我，他跟我聊了一些瑞某仓储的事，虽然电话我也有录音，但是我不确定法院对辩方的录音证据是否采信。跟孙某通完电话后，我趁热打铁根据工商登记的住址来到孙某家楼下，打电话告诉他想去他家见面。孙某接到我电话比较震惊，说他约了人准备去某饭店。孙某告诉我饭店地址，我又迅速赶到该饭店，孙某说我也挺不容易的，加上他着急有事要办，便非常配合我的调查取证并进行了全程录像。

根据孙某的证言，他退出瑞某仓储，不是因为退休，而是因为买断。买断他工龄的人就是姜某，他不知道自己被登记为了瑞某仓储的股东，也没出资过。

瑞某仓储的名义法人代表于某也没有拒绝我。我和于某约在他家楼下咖啡厅见面，于某那时已经 60 多岁，他推开咖啡馆玻璃门时比较吃力，我赶紧跑过去搀扶他。可能因为我搀扶他的这个举动，于某很受触动，就对我言无不尽。

于某说他并不知道瑞某仓储改制的事，也不知道自己被登记为瑞某仓储的法人代表，但他有瑞某仓储被姜某买断的内部文件。于某后来向我提供了一份非常重要的材料《某仓库改制方案》（即"化工库"改制方案，前文有所提及）。该改制方案显示："化工库"到2004年已经资不抵债，亏损49.8万元，欠某仓库119万元租金及利息，设备折旧净值为158.5万元；现由经营管理者姜某出资买受该企业（瑞某仓储），姜某愿意出资10万元给国有无形资产以补偿。

这份方案没有提到瑞某仓储改制的事，对瑞某仓储的性质认定是国企，但是瑞某仓储还是被卖给了姜某。瑞某仓储的实际操盘者是张某，至于张某是否有权把国企卖给姜某，那不是姜某应该承担的证明责任。姜某基于登记外观和对张某的信赖，从张某手中买断了瑞某仓储和"化工库"，承接了瑞某仓储的债务，支付所有员工股东的买断费，并在2004年向张某一次性交足了54万元的承包费。

想要证明姜某买断瑞某仓储的事实，还有一个至关重要的人绕不过去，就是张某。张某实际掌控某外经贸公司、华某仓储公司、瑞某仓储，以及瑞某仓储"假改制"后的国资股东某置业等公司。姜某案中，一系列错综复杂的民事合同，都有张某的签字盖章，张某也是姜某案的举报人。

我知道我作为姜某的辩护律师，向张某取证难度很大，但也必须试试。我电话联系到张某，表明是姜某的二审辩护律师想要见面，张某不愿意见面。但当我谈到一审判决退赃及执行问题，张某就变得非常积极，愿意出来见面。我跟张某见面的交谈过程，被我助理律师用事前装在黑色布包只露出摄像头的录像机秘密进行了录像，内容很翔实。

这里要注意，"偷录"不是"窃听"。"窃听"是非法手段，取得的证据要被排除。但是"偷录"并不是非法手段，"偷录"取得的证据是合法证据还是非法证据，视证据本身的内容决定，如证据内容没有问题，那就是合法证据。

我们偷录到张某的证人证言表明，姜某确实是买断了瑞某仓储，张某在 2004 年还把《承包经营合同》原件给了姜某，就是认可了买断。但是 2009 年，姜某拿到拆迁款后，张某说自己代表国资前去索要 900 万元，姜某只给了 140 万元，张某就报了案。报案后，张某又把姜某手里的《承包经营合同》原件要了回去。

跟张某见完面，结合对孙某和于某的取证，我对姜某案突然有一种豁然开朗的感觉，有了一个全新的思路。

瑞某仓储是"假改制"无疑，但是谁敢捅破？谁敢去追究？又去追究谁的责任？全国诸如此类瑞某仓储的"假改制"，司法系统只能默认为"真改制"，那么案中瑞某仓储就不能被认定为国有独资或国有控股企业。同时"改制"具有登记公示效力，张某和瑞某仓储其他员工也都认可姜某的买断，姜某贪污罪的主观故意足以被打掉。姜某主客观上都不构成贪污罪。但如果公诉人和法院都回避瑞某仓储的公司性质，就坚持称"化工库"是国有财产，那该怎么办？毕竟原一审法院就是这么判的。我还需要其他证据，最好是控辩审三方都没有争议的物证，把姜某不具有主观故意这一点做得更扎实，没有模糊空间。

公诉方指控姜某主观故意的理由是，姜某、李某、张某三人故意串通，在 2008 年签订虚假的《租赁合同》，目的是骗取属于国家的拆迁款。张某和李某的供述明显是被胁迫后的复制粘贴。姜某坚持称合同是 2004 年签订的，如果合同是 2004 年签订的，2004 年姜某以宝某仓库的名义对外经营，那么必然会开发票，而开发票必须向税务机关提供相关合同备案。于是我就去某村对应的税务所试着查询相关记录，结果还真的找到了，我们找到了税务所保存的 2004 年的《租金交纳收据》，缴税方就是宝某仓库。

结合我的思路和调取到的证据，我认为姜某不构成贪污罪，但涉嫌的可能是侵占罪。

本案中唯一有争议的地方就在于，"假改制"默认为"真改制"后，"改制"完的瑞某仓储还有 20% 的国有股（瑞信置业），如认为这 20% 的国有股不能被姜某买断，张某代表某置业来索要相应份额的拆迁款，姜某拒不返还，可能涉嫌侵占罪。而是否构成侵占罪，那就得认真计算一下这

20%的股份到底对应多少拆迁款。

之后我就顺着思路找到了关于拆迁的所有文件，对照拆迁范围和标准，去除掉姜某扩建的部分和经营损失补偿，我计算出受争议的"化工库"拆迁款不到 500 万元。某置业只占 20%份额，对应的拆迁款为 100 万元左右，张某代表某置业跟姜某索要拆迁款，姜某给了 140 万元，姜某连侵占罪都不构成。

不过我收集到的关于拆迁数额测算的证据并没有被法院采纳，姜某案二审被发回重审，在重审一审和重审二审中，法院对数额问题都是一笔带过，还是认为"无法估算"。但我认为就算控辩审三方在数额方面不能达成一致意见，但是按照基本犯罪原理，姜某最多属于拿到拆迁款后，对国有股对应部分拒不返还，属于侵占罪。而侵占罪，最多判 5 年。

对姜某判侵占罪符合法理，但也伴随着一个现实问题，令我隐隐不安。

二审裁定发回重审

在大连取完证后，我很兴奋，认为姜某案扭转的机会很大，回到家后开始马不停蹄地整理姜某的材料。

我和助理律师整理出了 440 多页的改制文件、工商档案资料和租金交纳收据等实物证据，并整理了于某、孙某和张某的录像视听资料光盘（助理将录像内容全部打印成文字）等言词证据。根据材料我写了一份举证提纲，证明重点包括瑞某仓储的改制过程、"化工库"产权的形成和流转过程、姜某和张某签《租赁合同》《还款计划》的时间、姜某买断瑞某仓储的过程、争议拆迁款数额等。

2014 年刚过正月十五，我带着助理律师来到某省高院，向二审合议庭法官办理辩护手续，同时递交了 400 多页的证据、录像资料以及举证提纲。姜某案二审合议庭三位法官都在场，法官们粗略地看了一下我们提交的证据和举证提纲，分别询问了我们几个问题，我都准确地告诉他们在侦查卷宗第几卷，并当场拿出我用彩色笔标注满了的卷宗。三位法官满意地对我们点了点头，并感慨，要是律师都像我们这样认真负责，他们法院的工作就好做多了。

见法官对我们印象不错，我抓住时机，又让助理律师提交《调取证据申请》《非法证据排除申请》《通知证人出庭作证申请》《二审公开开庭申请》等材料。三位法官表示会认真对待我们的申请，会好好审查我们提交的证据。

回京的路上，助理律师问我审辩冲突是否律师的责任更大，我答主要看法官能不能独立审判。回京后没几天，二审法官通知我们提交书面辩护词，我向二审法院递交了60多页的《姜某二审辩护词》。

我们递交的《调取证据申请》《非法证据排除申请》《通知证人出庭作证申请》《二审公开开庭申请》等四份申请，没有等到二审法院的研究结果，但在2014年5月，我们直接收到了二审法院撤销原判发回重审的《刑事裁定书》。发回的理由是"原一审事实不清，证据不足"。虽然具体理由没有在《刑事裁定书》中列明，但我相信我们在二审提交的新证据和《二审辩护词》得到了二审法院的重视，会在《发回重审函》中有所体现。

收到二审《刑事裁定书》的那天，我心里紧绷的弦稍微松懈了一些，前期的大量工作算是有了个阶段性成果。姜某贪污案，有了扭转的可能。

对抗激烈的重审一审庭审

姜某案发回重审后，某市中院另组合议庭重新审理。我们继续向合议庭提交《调取证据申请》《非法证据排除申请》《通知证人出庭作证申请》，但是合议庭并未予以答复，直接电话通知我们律师开庭。2014年11月，姜某案重审一审在某市中院第一审判庭进行。

庭前，我们辩护人依法请求法院传唤证人张某、徐某出庭作证，但是审判长却当庭征求公诉人的意见，并拒绝通知证人出庭作证。

庭审调查阶段，我们辩方申请启动排非程序，排除掉张某和李某关于"2008年签订合同"的虚假供述，并提供了明确的线索。审判长直接口头驳回了我们的排非申请，我们对审判长的行为当庭表示抗议，并请书记员记录在开庭笔录中。

此外，面对我们提交的 400 多页实物证据和视听资料（录像），审判长非常不耐烦，认为与本案无关。我当时有些气血上涌，我们都是法律人，哪份证据与本案有关还是无关，认识会有这么大的差距吗？况且，审判长在法庭上应该是居中裁判，直接参与质证与身份不符，我直接举手抗议，并请书记员做好记录。没想到公诉人对此也看不下去了，当庭表示辩护律师工作敬业，对孙某和于某的取证予以认可。

到了辩论阶段，我把重点放在了犯罪数额上，抓住"经营损失补偿"不放。公诉人提交了新证据，即拆迁单位出具的《情况说明》，该证据显示，指控姜某贪污 3200 万元中包括"经营损失补偿"，但是没有具体数额。我质证表示争议的拆迁款只有 500 万元，而不是公诉人指控的 3200 万元。我对法官说："原一审认定事实错误，合议庭不能因为查不清数额，就认定全部。"整个庭审，对抗激烈。

庭后审阅庭审笔录时，我发现我们的排非申请、审判长口头驳回、我们辩护律师的抗议等内容根本没有记录；审判长认为我们辩护律师的举证跟案情无关、我的抗议也没有记录；我对公诉人新提交证据的质证意见也只是简略记录。

对于书记员没有记录的内容，我在庭审笔录的最后一页直接用铅字笔详细写上，并认真看完每一页笔录，在每一页笔录上都签名，防止前面各页的笔录在被告人签名前被偷梁换柱。我曾遇到过一起案例，庭审笔录只有最后一页是律师的真实签字，而前面的笔录是法院按照被告人有罪供述和律师罪轻辩护的内容编造的，替换了原庭审笔录。法院拿给被告人看笔录的时候会说，律师都签名了，没什么问题，被告人就会稀里糊涂签字。你要是事后去找法院调取庭审录像推翻这样的笔录，法院就会说当天的录像坏了。

挑战常识的重审一审判决

重审一审开完庭后，我和其他被告人的律师都信心满满，因为我们提交了足够有分量的证据，事实就摆在眼前。

在重审一审判决作出前，我去某市会见姜某的同时与审判长沟通。我和审判长从头到尾分析了一遍案情，得出的共识就是案件矛盾点在"真假改制"。审判长认可"侵占罪"这个观点，但我一直从数额方面坚称姜某无罪，姜某已经返还了国有股对应的拆迁款部分。

审判长虽认可侵占罪，但随之就出现了一些现实上的顾虑。侵占罪是自诉案件，不告不理，公诉程序不好判，如果判姜某无罪，那么指控姜某贪污罪的某市检察院和原一审合议庭的法官，多少人要被问责？这同样是我之前感到隐隐不安的问题。审判长向我抱怨，为什么二审法院能改判，还要发回重审，这让他们很为难。

对此我也能理解审判长的这种顾虑。后来我向审判长提出了"职务侵占罪"的意见，审判长也比较认可。在见审判长前，我跟姜某和他家属也沟通过这个现实情况，姜某和家属认为只要能把刑期降下来，他们就服判决。

2015年4月，重审一审判决作出，但是结果令人大失所望。纵观这份判决，主要事实照抄原一审判决。而且，这份判决隐匿重要事实，挑战法理和常理的逻辑。

对于我们辩方提交的大量证据，判决书中有列明，但根本没有评判，更别谈采信了。如我们提交了税务所保存的2004年的《租金交纳收据》，缴税方是宝某仓库，证明涉案合同是2004年签订的，法官评判时丝毫不提及，仍然认为姜某、张某、李某三人是在2008年签订的合同，目的是骗取拆迁款，这明显是歪曲事实。

还有，这份判决提到了瑞某仓储的改制，但认为瑞某仓储的性质不影响本案定性，因为"化工库"这个资产是国有的，也就是说国有公司是改制成股份制公司了，但公司的财产还是百分之百国有的。这种观点简直挑战了我们的法律和生活常识，公司和财产是一体的，公司就是财产，而这份判决硬把公司和财产分开定性，实属无中生有。

对于我们在数额上重点质证控方提供的《情况说明》，判决书也未提及，仿佛没存在过。

重审一审判决最终对姜某和李某的处罚不变，张某由 10 年有期徒刑改成了 8 年有期徒刑。

另外，公诉人在庭审中提交的能证明拆迁款中包括"经营损失补偿"的《情况说明》，不仅是判决书中未提及，在之后的重审二审中，材料也没有被移送到某省高院，而该证据明显对我们辩方有利。姜某女儿因此向某市中院举报了重审一审审判长隐匿重要证据。

重审一审判完后，审判长不久便被调离了审判岗，我们至今不清楚其被调离的原因是由于当事人家属的举报，还是因为其本人被检察院反贪局查处了。

重审二审：向现实妥协后的相对公正

姜某、李某、张某等三被告均不服重审一审判决，提起上诉。

由于此案二审和重审一审中，三名被告人及其辩护律师均作无罪辩护，但在两次一审判决中，被告人均被判重刑，姜某女儿与我商量组织专家研讨会，希望有更权威的声音发表观点。

重审二审开庭前，我在北京组织了姜某案的专家研讨会，聘请了著名学者陈兴良、樊崇义、车浩等专家对案件把脉。这几位法学专家们逻辑清晰、功底深厚，经过四五个小时的讨论，就形成了一致意见，直指案件的争议之处，即瑞某仓储"改制"具有登记公示效力，"化工库"是股份公司的财产。瑞某仓储80%的员工股被姜某买断，对应的"化工库"80%的份额为姜某所有，相应的拆迁款也为姜某所有。另外20%的国有股如不能认为被买断，那么对应的"化工库"20%份额，与姜某之间成立的应是"租赁"关系，姜某作为承租人拿到拆迁款后，如与所有权人有争议，可以通过私下协商或诉讼析产等方式解决。析产后，姜某如对国有股对应的拆迁款部分拒不返还，则构成侵占罪。姜某无论如何不构成贪污罪。

法学专家们的思路与我在辩护词中写的是一致的。不过我作为辩护律师，不能纯粹从法理和公正角度考虑问题，还需要顾虑实际的可能。我曾经也做过刑事法官，从司法实践考虑，侵占罪是自诉案件，法院绝对不敢判决姜某无罪，也无法判决其构成侵占罪，罪轻辩护是姜某能抓住的希望。如我们考虑按照职务侵占罪来辩护，二审法院大概率会采纳。但实事求是地说，姜某到底是怎么构成职务侵占罪的，法理上是说不通的，只是罪名和量刑上调和的结果。

重审二审开庭前，我和助理律师到某省高院递交《非法证据排除申请》《通知证人出庭作证申请》《二审公开开庭申请》以及专家论证意见。二审合议庭法官当即明确表态，姜某案二审开庭审理；实物证据和言词证据有冲突的，原则上采信实物证据；是否有必要启动非法证据排除程序需要合议；会按照我们提供的联系方式通知张某和徐某出庭作证。

此外开庭前，张某的两位辩护律师调取到了非常重磅的补强证据。在重审一审中，我方提交了相关税务所出具的2004年《租金交纳收据》，证明姜某和张某签订合同是在2004年，而不是公诉人指控的2008年。重审一审判决只是将该证据列明，但并未评判。此项证据证明的事实直接关系到张某是有罪还是无罪，重审一审判决是抛开实物证据不谈，只看明显是非法取证的张某和李某的有罪供述。

在重审二审开庭前，张某的辩护律师直接到地方税务所调取了：

1. 代开发票申请审批表一份，时间是2004年8月11日；

2. 税收通用缴款书三份，时间是2004年8月18日；

3. 落款时间是2001年1月1日的宝某仓库与某仓库签订的《租赁合同》，与用以领取拆迁补偿款的合同是一个版本。

以上证据是对《租金交纳收据》非常重要的补强证据，足以证明姜某和张某实际是在2004年签订的合同，而不是公诉人指控的2008年（拆迁确定的时间）。2004年，"化工库"拆迁一事还没着落，三人不可能提前几年预知到拆迁，并想要骗取拆迁款。

2015年10月，姜某贪污案重审二审开庭。我继续沿用重审一审无罪的辩护观点，但为了防止重审二审法院不得已延续错误裁判，助理律师与我打配合，作罪轻辩护。助理律师从姜某取得股权手续不完备出发，提出姜某对"化工库"的所有权和经营权存在瑕疵，但又实际控制了"化工库"，是利用职务之便领取了拆迁款，建议重审二审法院按职务侵占罪判处姜某有期徒刑 3 年。

张某的辩护人向法庭提交了调取到的重磅补强证据，对张某作无罪辩护。李某的辩护人也作无罪辩护。

重审二审庭审比较顺利，没有什么辩审冲突，张某和李某的有罪供述被当成非法证据排除，合议庭给了我们辩护律师充分发言的时间。庭审结束后，审判长与我握手，说谢谢我们支持法院的工作。我认为我们妥协之后，重审二审的判决应该会有一个比较"公正"的结果。

2016 年 11 月，庭审后时隔一年，我收到了姜某案的重审二审判决书，跟预想的一样。姜某从贪污罪、无期徒刑和没收全部财产，改判职务侵占罪、10 年有期徒刑和没收 200 万元；李某作为姜某职务侵占罪的帮助犯，从贪污罪 15 年，改判职务侵占罪 3 年 6 个月；张某由贪污罪 8 年，改判不构成犯罪，无罪释放。

这份重审二审判决书，认定了瑞某仓储"改制"，公司性质是股份制公司，"化工库"是股份制公司的财产，对于姜某是承包还是买断公司未加说明，姜某是否有权取得拆迁款没有分析，当然这其中也经不起讨论。判决认定了拆迁款中包括姜某应得的经营损失补偿，但是无法估算，评价了原一审判决和重审一审判决对此未列明，属于"事实疏漏"。这个"事实疏漏"的认定，算是纠错，给当事人和我们辩护人一个说法，但也并未起到实际作用。

判决书最后给姜某定罪的部分只有简短的一句话，即虽然拆迁款中有姜某应得的经营损失补偿部分，但是在未析产之前，拆迁款属于某公司，姜某利用职务之便非法取得拆迁款，构成职务侵占罪。这一句定性说理是非常笼统和模糊的，经不起推敲。但是能拿到这样一份判决，姜某和家属都非常满意，我们辩护律师的工作算是取得了不错的成果。姜某案的最终改判，实际是以近乎"调解"的方式结案的。

办案心得：

姜某案，涉及刑民交叉，只有理清其背后错综复杂的民事关系，才能找到辩护空间。在原一审判决中，辩护律师只是从"自首"的角度为其争取从轻量刑，并未认真分析过涉案的各种民事合同，也未对犯罪构成进行剖析，我甚至怀疑原一审的辩护律师没阅过卷。姜某案原一审判决结果也证明了，辩方"温和"的建议，法院根本不会采纳。

我介入后，姜某能由贪污罪无期徒刑改为职务侵占罪 10 年有期徒刑，是纯粹的技术打法的胜利。在这场技术战役中，我认为，深度阅卷和重点取证工作是基础，也是辩方紧握在手中的致胜法宝。即我们辩护律师要在大量的卷宗材料里理清复杂的刑民关系，找到关键证据，找到控方漏洞，对相似犯罪的构成原理更要熟悉无比，这是我们辩护律师的基本素质。有了这个致胜法宝，还要洞悉现实规则，以此才能收获一个现实的"好结果"。姜某案涉及真理和现实的关系，如辩护律师一味追求法理而不顾现实，此案积重难返最后也未必能改判。姜某贪污罪无期徒刑改职务侵占罪 10 年有期徒刑，我们辩护人在其中尽了全力，我认为这个结果也是该案能够被扭转的最大空间。

第八章 "91快车"实控人张某集资诈骗案

——北京高院二审改罪名，15年有期徒刑改判3年缓刑

2015年至2018年间，我国P2P理财不断爆雷，其中云南泛亚和e租宝事件震惊了全国，北京的"91快车"也在爆雷浪潮中成为媒体焦点。

"91快车"涉及受害者8000多人，涉案金额7000多万元，案发时有3000多万元不能兑付。"91快车"案与云南泛亚案等一样，具有典型的"非法吸收公众存款"的特征，但因其受害者众多，司法部门倾向于严打。2017年11月，"91快车"实控人张某被北京市某检察院以"集资诈骗罪"起诉，一审法院对此予以认定，判处张某15年有期徒刑。

我在张某案上诉期介入，由于案件较为简单，我抓住了一审判决的定性错误，二审就直接推翻了"集资诈骗罪"的认定，改为"非法吸收公众存款罪"，张某由15年有期徒刑改判成3年缓刑。在我执业生涯中，不曾见过非法集资类案件有比张某案更大的扭转。

张某案二审能顺利改判，有一部分运气因素，即案件的事实基本查清，证据也足够充分，但只能认定为"非法吸收公众存款罪"。此案中抓住了法理和定性问题，最后"四两拨千斤"。

实践中，因非法集资类案件易形成集体性事件，掺杂太多社会影响的因素，司法部门倾向于对罪名和量刑从严。张某案二审能够定罪扭转，量刑从轻，可以为此类案件的辩护提供一些思路。

一审判决：不能排除合理怀疑即定罪

"91快车"于2016年初爆雷，3000多万元投资款无法兑付。在爆雷之前，2015年底，"91快车"所属公司衡惠公司，被张某、张某楠、邓某、李某等股东以2000万元的价格卖给了新买家徐某。

张某是衡惠公司的最大股东以及实控人，张某等人确认的购买方式为，徐某从衡惠公司借款 2000 万元，用作购买衡惠公司股东股权的价款。衡惠公司借给徐某的 2000 万元，是来源于"91 快车"吸收的投资款。2015 年底，徐某被登记为衡惠公司法人代表，并承担"91 快车"对投资人的兑付义务。

在徐某被登记为新的法人代表前，张某、张某楠、邓某、李某等人已将 2000 万元从衡惠公司转给了徐某。这 2000 万元，被徐某在澳门赌场输掉了大部分，另有部分被张某楠卷款潜逃。最终徐某仅支付了邓某和李某共计 130 万元的股权转让款。因为投资人的钱已被转出，衡惠公司无力兑付到期债权，2016 年初，"91 快车"爆雷。

对于衡惠公司的转让操作，在一审法院北京市某中院看来，是明显不合理的商业行为，是张某、张某楠、邓某、李某等人与徐某恶意串通，签订虚假的公司转让合同，意在非法占有投资人的投资款。但是在二审法院北京市高院看来，是正常的商业行为，后徐某未能如约支付股权款，张某楠卷款潜逃，不能以此倒推实控人张某等人一开始就具有非法占有目的。

张某于 2017 年 6 月被逮捕，被北京市某检察院以集资诈骗罪起诉。2017 年 12 月 11 日，北京市某中院公开审理了此案。

纵观张某案一审中的全部证据材料，张某等人未经相关部门批准，以"91 快车"项目非法吸收公众存款，具有"非法性""公众性""公开性""利诱性"等非法吸储的典型特征，是足以认定构成"非法吸收公众存款罪"的。而要认定张某构成"集资诈骗罪"，还需要证明其具有非法占有目的。

在张某案中，因"91 快车"发布的集资项目为虚假的汽车贷款抵押项目，投资款大部分被放贷给了张某等衡惠公司的股东们，此行为被一审法院认定为张某对投资款具有"非法占有目的"的表现之一。表现之二是新买家徐某未完全支付股权款，投资款不知所踪，张某等人与徐某是互相串通非法占有衡惠公司吸收的投资款。

一审开庭审理后，仅隔了十几天，2017 年 12 月 29 日，张某案一审判决作出。

张某案一审判决是这么写的："尽管现有证据不能证实公司资金被张某等人实际占有，不排除可能被张某楠等人占有或者赌博挥霍……本院认为，被告人张某伙同他人，以非法占有为目的，虚构投资项目，吸收客户资金，并意图通过虚假转让的手段，非法占有客户资金，其行为已构成集资诈骗罪。"

没有证据证实张某实际占有公司的投资款，不能排除合理怀疑，因此判定被告人有罪。看到一审判决书里这么定罪，也是挑战了我多年的法学素养和法律常识。

首先刑法具有谦抑性，没有充分的证据证实，怎么能轻易作出判决？更具体的，也是《中华人民共和国刑事诉讼法》的硬性规定，刑事案件的定罪标准要排除合理怀疑得出唯一结论。就算是民事案件，证明标准最低也要达到较大可能性（程序性事实）。张某案中，现有证据的证明标准（构成集资诈骗罪）连较大可能性都达不到。

一审辩护律师的"神"操作

张某的一审辩护律师由我们京师所的江志坤律师和另一家律所的曾某某律师共同担任。一审判完后，曾某某被张某解除了委托。

一审判完后，江志坤律师向张某推荐了我，张某出于对江志坤律师的信任，以及对我过往辩护案件的了解，就很干脆地委托我和江志坤律师一起担任二审辩护人。我看完张某案的一审判决，定性错误很明显，认为二审扭转的概率很大，于是也很乐意地接受了张某的委托。

我第一次去看守所会见张某，张某就跟我直言曾某某被解除委托的缘由。

"91快车"于2016年初爆雷，案件由公安机关侦查完移送到检察院期间，张某只是作为衡惠公司参与决策的普通股东之一被调查，涉嫌的是非法吸收公众存款罪，张某一直处于取保候审的状态。在检察院审查起诉期间，曾某某把张某平时关于公司运营的聊天记录提交给了检察院，欲证明张某对衡惠公司的投资款没有非法占有目的。

本来公安机关和检察院也没认为张某非法占有了投资款，因此对张某取保。但曾某某提交的聊天记录可以证明张某在"91快车"项目的运营中，以及转让衡惠公司过程中起到了主导作用，张某是衡惠公司实控人。于是检察院认为，张某在运营"91快车"的过程中，发布虚假项目，对投资款具有非法占有目的，而后又一手操控、虚假转让公司，意在侵占投资款。

后经过补充侦查，张某在 2017 年 5 月，因涉嫌合同诈骗罪被羁押，6 月因涉嫌集资诈骗罪被逮捕。2017 年 11 月，张某被北京市某检察院以集资诈骗罪起诉。2017 年 12 月，张某被北京市某中院以集资诈骗罪判15 年有期徒刑。

张某跟我说，他被判完后曾某某还来会见过他，张某跟曾某某对质要说法，问曾某某为什么要这么做？曾某某回复张某，律师要把事实提交给法庭，要向办案机关说明情况。张某凭朴素价值观认为这个律师故意陷害他，当场就要解除对他的委托。

我听张某说完，不好在当事人面前评价他的上一个律师，只能在心里感慨律师业务水平的参差不齐。辩护人制度的设立首先要保障的是被告人、嫌疑人的合法权利，辩护人具有保密义务，除非被告人、嫌疑人准备或正在实施危害国家安全、公共安全以及严重危害他人人身安全的犯罪事实。再者，从实体正义上来讲，张某原本涉嫌非吸罪，因为曾某某提供的证据，被司法机关错判成集资诈骗罪，曾某某也没有捍卫公平正义。

曾某某的行为也给我们刑辩律师作了个警醒，我认为我们刑事业务律师在辩护过程中最好不要主动发起一些事，除非你有百分之百的把握，确定这样的行为对被告人有利。

二审辩护去繁从简，抓没有"非法占有目的"

张某的案子其实很简单，检察院指控的事实和提交的证据没有问题，张某都认，错就错在检察院和一审法院把他定性为"集资诈骗罪"，而这个定性也很好推翻，用一审法院自己查清的事实就能推翻一审这个判决。

张某对一审判决愤愤不平，觉得自己很冤，二审要是不改判，他绝不服判，申诉到底。

张某反复跟我抱怨是别人（张某楠）把钱拿走了，为什么要判他诈骗？我反问张某在一审庭审上有没有跟法官重点说这个事实，张某回忆了下说提了但又没重点提。我看了一审判决书的记载，张某辩解的内容有三点：一是他不是恒惠公司的股东，也不是实控人；二是"91 快车"发布的集资项目都是真实的；三是公司资金是被张某楠拿走的，他没有非法占有。

对于张某是不是衡惠公司的股东和实控人身份，以及"91 快车"项目的真假，一审判决中花了大量篇幅来论证，说明这是控辩双方争议的重点。而根据检方提供的证据，辩方在这方面使力明显吃力不讨好，张某的行为被认定构成"非法吸收公众存款罪"，可以说是事实清楚、证据充分。

辩方的辩护重点应该放在张某没有"非法占有目的"上，反驳"集资诈骗罪"的指控。可惜在一审中，辩方并未就此展开充分的法理和事实论证。

我认为二审作罪轻辩护，将"集资诈骗罪"改判成"非法吸收公众存款罪"的概率很大，二审辩护重点只需要集中在张某没有"非法占有目的"上，对此支撑的事实有二：

其一，虽然"91 快车"的汽车贷款项目是虚假的，资金主要是贷给了张某控制的另一家金融公司，但张某每年都以 24% 的利息还本付息，张某对投资款没有非法占有目的。一审法院认定的以虚假集资项目来推定被告人具有非法占有目的，是违背法律和常识的认定。

如果张某对投资款有非法占有目的，为什么还要按时连本带息偿还？如果一切假项目和假材料都可以认定为被告人具有非法占有目的，那么法律为什么还要区分"非法吸收公众存款罪"和"集资诈骗罪"？为什么要区分"骗取贷款罪"和"贷款诈骗罪"？等等。是否具有非法占有目的，在金融犯罪和财产犯罪中，是区分无罪与有罪、重罪和轻罪的关键，相关司法解释对此论述颇多。按照当时实行的《最高人民法院关于审理非法集资刑事案件具体应用法律若干问题的解释》（2010 年），规定了七种可以认定行为人具有"非法占有目的"的行为，而这其中并不包括假项目或假材料。

其二，本案关键嫌疑人张某楠在逃，张某楠逃亡前曾给张某打电话说投资款被徐某都输掉了，此段对话被张某录音，也被当成证据提交。正如一审判决认定的那样，本案没有证据证实是张某侵占了投资款，也不能排除掉张某楠等人挥霍掉的合理怀疑，一审判决却因此认定被告人有罪，其逻辑是——张某有可能犯罪。如前文所述，这样的推理真是谬论！

张某同意我的观点，如果二审法院认定他构成"非法吸收公众存款罪"，张某就认罪认罚。我以此思路写成二审辩护词提交给了二审合议庭，之后跟主办法官沟通案子，并转达了张某的想法。主办法官给我们的反馈就是一审判决确实有问题。

2023 年春，王发旭律师与北京市京师律师事务所同仁一起参观悉尼大学

劝说当事人积极退赃，缓刑成功

在二审开庭前，我会见张某，把跟主办法官沟通的情况告知他，二审改判"非法吸收公众存款罪"的概率非常大。张某问我如改判为非吸罪，他最低能判几年，有没有缓刑的希望？按照张某的情况，我认为法院如认定他为非吸罪，判个五六年是没问题，而如果要改成 3 年缓刑，只能从积极退赃方面努力。

张某可能是被曾某某律师坑怕了，虽然表面上一直说很信任我，但真到他自己做决定的时候，又开始将信将疑。张某问我，他本来不退赃也是不能被判集资诈骗罪的，如果退赃了会不会显得他真有事？他可以退赃，但是我能不能给他保证最后判缓刑？我知道张某是什么意思，其实也在问我是不是在害他？

我板起面孔，直接训斥张某："刑事辩护这块，肯定是我们律师更专业！这个案子的事实和定罪原理我也都给你分析过了，你要是信不过律师，可以自己辩护。二审改成非吸罪，是大概率事件，这不取决你退不退赃，是你的犯罪事实决定的；退赃后能不能判缓刑，是法院决定的，我不能给你保证。但我还是建议积极退赃。"

张某被训斥完后反而更听得进去我的建议，更信任我了，没了之前的将信将疑，直接决定退赃。张某家属负责联系受害者，退赃工作很顺利。张某说自己积极退赃，但性质是替别人（张某楠）退赃，自己没拿钱，要我一定要向法官说清楚他是替别人还钱。

之后我又找主办法官沟通，说了张某退赃的事，问能不能缓刑。法官的回复就是缓刑的概率非常大，他会按规定把情况汇报给合议庭。

2018 年中，张某二审在北京市高院公开庭审，北京市检察院指派检察官出庭支持公诉，我与江志坤律师一同出庭辩护。对于检察院指控的事实，张某和我们辩方都认可，但是不认可一审的罪名定性，我们认为只构成"非法吸收公众存款罪"。

我就一直围绕法理、法律规定和一审法院认定的事实，来论证张某不具有"非法占有目的"。合议庭给了我们辩护人充分的发挥时间，我说完一个观点，审判长就会继续追问我"还有呢？""还有没有了？"法官这样的态度，让我们辩方充满信心。

出庭检察官认为公诉人指控的罪名和一审法院认定的罪名合适，我就直接予以反驳。我说："一审判决的逻辑是张某有可能犯集资诈骗罪，不能排除合理怀疑，就给他定了集资诈骗罪，那么我说公诉人也有可能参与共同犯罪，你要是无法自证清白，是不是也要被定罪？"审判长赶紧制止了我，说："辩护人不要搞人身攻击。"但是，我看审判长和其他审判员的表情都是想笑又强忍着。

出庭检察官在庭审上还提出，一审认定的张某等人给投资人造成的损失少算了 280 万元，建议二审法院纠正。我们辩护人对此也发表了意见，张某案二审是由被告人上诉而启动，检察院并未对事实认定进行抗诉，基于上诉不加刑原则，望合议庭对此建议不予采纳。

张某案二审只开了一天庭就结束了。2018 年 12 月，二审判决作出。与我们预计的一样，在一审认定的事实没有改变的基础上，二审判决完全改变了罪名定性，认为张某不具有非法占有目的，只构成"非法吸收公众存款罪"。鉴于张某积极退赃，偿还投资人全部损失，真诚认罪、悔罪，二审对其从轻处罚，适用缓刑，张某最终被判 3 年缓刑。二审判决也对出庭检察官要求纠正投资人损失数额的建议进行了评价，与我们的意见一样，合议庭不予采纳。

收到二审判决后，我打电话给主办法官，想感谢一下他信守承诺。法官接电话还把我批评了一通，说："谁跟你有承诺了？法律规定怎么判就怎么判。"

张某和他家属也打来电话，感叹二审判决跟我分析的一样，15 年改判成 3 年缓刑，他们感觉像在做梦，难以置信。此案给了我很大的成就感和满足感。

2022 年，王发旭律师参观马来西亚最高法院法庭

办案总结：

非法集资类案件往往因受害者众多，社会影响大，又恰逢国家层面重拳整治，因此司法机关打击力度趋严。为了及时惩治日益发展的新型集资犯罪，2022年最高人民法院最新修正了《最高人民法院关于审理非法集资刑事案件具体应用法律若干问题的解释》。最高人民法院 2022 年还配套发布了多起典型案例，要严格区分行为人的犯罪性质，是否具有"非法占有目的"是判定"非法吸收公众存款罪"和"集资诈骗罪"的关键。

因为这样的背景，在非法集资类案件中，对于主犯，为了贯彻严打精神，司法机关往往会定"集资诈骗罪"，因为其是否具有"非法占有目的"，在实务判断中可以说是空间很大。如《最高人民法院关于审理非法集资刑事案件具体应用法律若干问题的解释》（2022 年）第 7 条第 2 款第 1 项规定的"集资后不用于生产经营活动或者用于生产经营活动与筹集资金规模明显不成比例，致使集资款不能返还的"，此种情形被认定为行为人具有非法占有目的，那么什么比例才叫"明显不成比例"呢？如我最新辩护的一桩非法集资案件，也是在某市审的，检察院起诉主犯"集资诈骗罪"，我们坚持是"非法吸收公众存款罪"，开庭完时隔两年，法院都没作出判决。一方面在法律层面讨论确实很有空间，另一方面法院还要面临着社会影响，确实压力很大。

张某案给我的启示是，这一类案件在定罪层面确实还有辩护空间，就在有没有"非法占有目的"上用力；在量刑层面，要尽量劝说当事人弥补投资人的损失，积极退赃后，轻判几乎是确定的，退得越多，轻判的幅度也就越大。

第九章　直播间反向喊单被控诈骗罪案

——江苏谢某案一审改定性为非法经营罪

在信息网络技术高度发达的现今，五花八门的金融创新活动应运而生，新型金融犯罪如影随形。因为立法的滞后性，这类新型的金融活动是"创新"还是"犯罪"，其评判标准往往是有没有受害人，受害人够不够多。同样因为立法的滞后性，这类金融活动被打成犯罪后，能定的罪名就存在很多模糊空间。

"诈骗罪"是这类金融活动被打成犯罪后，办案机关定的最多的一个罪名，而金融犯罪涉案金额很容易达到刑法规定的"数额特别巨大"这一档，量刑是10年以上或无期，未免过于严苛。细看这类金融活动，并不具备诈骗罪的关键构成要件，即被害人没有陷入错误认识而处分财物。被害人也是投资人，拥有一定的投资经验和知识，行为人想欺骗和利用，是客观不能。"非法经营罪"或"非法吸收公众存款罪"是我们辩方根据事实能争取到的合适的罪名，也是公诉人能接受和法院能采纳的折中的罪名。

2018年，我辩护的江苏谢某案，其经营模式就是典型的金融"创新"。即通过分析师在直播间反向喊单，指导投资者（受害人）在现货交易平台上买卖合约操作，投资人亏损的钱和因交易产生的手续费等就是行为人的收益来源。这种模式本质是行为人和投资人的"对赌"，一方的损失就是另一方的获利，如今仍然广泛存在。有的地方对其只是行政处罚，有的地方入罪，有定"诈骗罪""非法经营罪""开设赌场罪""赌博罪"等不同罪名。

谢某等11名被告被江苏省某市检察院以"诈骗罪"起诉，被控涉案金额1460万元，我介入一审后，成功将其争取定性为"非法经营罪"，最终量刑"3年6个月"。此后江苏省内以谢某案判决为标准，对这一类金融活动均定性为非法经营罪。

江苏省某市公安机关跨省抓嫌犯

谢某户籍地是广东省，另外 10 名被告中有 9 人也是广东省人，本案涉案的由谢某控制的两家公司注册地和营业地均在广东省。

谢某此前在广东省从事服装贸易十几年，后因实体业不景气，转型金融业。2016 年，现货交易平台在广东、深圳一带发展如火如荼，谢某看着身边不少朋友都在平台做现货交易，于是在 2016 年成立了两家公司，一是广州某金融公司，二是广州某科技公司。

广州某金融公司与宁波华商商品交易中心合作，成为其现货交易平台的会员，广州某金融公司负责招揽投资者到华商的平台进行"现货聚乙烯"等交易。广州某科技公司与晋峰环球国际公司下属的国际交易平台的一家会员公司合作，为其招揽客户到平台投资"现货黄金"等。

广州某金融公司、广州某科技公司的经营模式和盈利方式一致。经营模式为：通过 QQ 群加入投资者 QQ 号，再将投资者引流到直播间，随后由公司的业务经理冒充金融分析师，根据国际大盘的走势进行反向喊单，诱导投资者在平台上进行现货合约交易，公司其他员工冒充投资者，在直播间进行掩护、跟进买单，并对交易亏损的投资人进行安抚。盈利方式为：公司与交易平台根据投资人的损失和交易费等按比例分成。

谢某这两家公司的经营模式在广东、深圳可谓遍地开花，广东省对此的态度是行政处罚，如涉案金额太大，受害人太多，则按"非法经营罪"判；其他省份，如江苏、江西、浙江、湖北等省，是按"诈骗罪"判。

谢某的行为在广东省内就算入罪，最后也不过是非法经营罪，比诈骗罪轻很多。但因为受害者中有江苏某市的人，江苏省对这一类金融犯罪的态度是严打，江苏某市公安机关对其以"诈骗罪"立案侦查。

在此我想跟大家讨论一个问题，就是关于网络犯罪的管辖问题。

刑事案件应是审判管辖确定立案管辖。

关于网络犯罪，根据《最高人民法院关于适用〈中华人民共和国刑事诉讼法〉的解释》规定，有管辖权的法院地包括：实施犯罪行为的网络服务使用的服务器所在地，网络服务提供者所在地，被侵害的信息网络系统及其管理者所在地，犯罪过程中被告人、被害人使用的信息网络系统所在地，以及被害人被侵害时所在地和被害人财产遭受损失地，等等。

《公安机关办理刑事案件程序规定》对公安立案管辖的规定，与《最高人民法院关于适用〈中华人民共和国刑事诉讼法〉的解释》审判管辖的规定一致。

根据以上规定，那么在网络犯罪中，被告人、被害人行踪自由，其用手机或电脑接入网络，可以是随时随地，网络犯罪可以说是"沾边就管"，管辖规定是否还有意义？

信息网络时代，财产、金融类犯罪多是通过网络进行，因其"沾边就管"的特性，有立案管辖权的公安机关太多，实践中发展为各地公安机关争着取得"最初受理地"管辖权。公安机关的"最初受理地"立案管辖，可以倒逼其对应的法院成为"最初受理地"审判法院。"最初受理地"在审判管辖上具有优先性。

网络犯罪活动，发展成了立案管辖确定审判管辖。

因各地司法对这一类金融活动态度不同，谢某案因由江苏省某市公安机关率先取得了"最初受理地"立案管辖，随后谢某被以"诈骗罪"起诉，涉案金额1460万元，属于"数额特别巨大"情形，可能被判10年以上有期徒刑或无期徒刑。如在此案中，广东省公安机关速度更快，谢某入罪的话，则会判"非法经营罪"，对应的是5年以下有期徒刑，单纯行政处罚也有可能。

当然，根据现行法的规定，在谢某案中，江苏省某市公安机关和某法院对其确实具有管辖权。

同案跨省不同判

谢某作为第一被告被江苏省某市某区检察院起诉后，其父亲找到了我，是广州的一个法官向谢某父亲推荐的。

谢某被抓时 40 岁，尚未成家，其父已经 70 多岁。这位老父亲一个人从广东飞到北京见的我，他说谢某大龄未成家也没生孩子，他听说"诈骗罪"以谢某的数额要被判 10 年以上或无期，让我一定要救救谢某，给他们家留下个后代。

谢某的父亲来北京前电话咨询过我，出于对新型金融犯罪的兴趣，在他来北京前，我就为此查阅了不少类似案例以及相关规定。谢某的经营模式各省评价不同，如前文所述，我们面对的现实情况就是——同样的犯罪事实不能做到全国定罪统一。我国不是判例法国家，但实践中在向"同案同判"方向努力，这需要一个过程。

当时要求"同案同判"的文件有《最高人民法院关于完善人民法院司法责任制的若干意见》（2015 年），其中提到"建立审判业务法律研讨机制，通过类案参考、案例评析等方式统一裁判尺度"，以及《最高人民法院关于落实司法责任制完善审判监督管理机制的意见（试行）》（2017年），要求"各级人民法院应当充分发挥专业法官会议、审判委员会总结审判经验、统一裁判标准的作用，在完善类案参考、裁判指引等工作机制基础上，建立类案及关联案件强制检索机制，确保类案裁判标准统一、法律适用统一"。

以上两份文件对各地法院"同案同判"只是作笼统性的要求，并未给出具体的"类案标准"和"检索标准"。最高法也未对此类犯罪发布过全国性的指导案例，一省之内做到同案同判尚可，但是跨省想要做到同案同判难度就很大。当然，我认为谢某案以广东省的标准定"非法经营罪"是最符合事实的。

我查到此前几个类似谢某案的判决，在江苏省是定"诈骗罪"，如果我能把这一类案件本质讲清楚，论证充分，把"诈骗罪"改变定性成"非法经营罪"，很可能会在江苏省内统一这类金融活动的犯罪定性问题。我一方面感慨当事人的不容易，另一方面也对该案可能带来的影响产生了一种强烈的责任感。我接受了谢某和他父亲的委托，打算尽全力试试。挑战一省的定罪标准，我压力很大。

2024 年春，王发旭律师到南开大学法学院交流

拆解公诉人指控

转型律师前，我在东北当过十几年的法官，我知道法庭总体是很尊重"专业"的。在没有外部力量干预的情况下，律师的专业水准是能影响定罪量刑的，就算有外部力量干预，改变不了定罪结果，法官也会很尊敬律师。

谢某的案子没有别的力量干预，案子的重难点也很突出，事实基本是清楚的，但是案件新颖，审判没有完全贴合定罪依据。通过对案情的了解，我认为谢某是肯定不构成"诈骗罪"的，"非法经营罪"尚有讨论空间。我作为辩护人，使力的方向是拆解公诉人"诈骗罪"的指控，对案件事实进行充分说理和论证，争取改变罪名定性，这需要足够强的法学理论和法律知识，很考验一个法律人的专业程度。

"诈骗罪"是肯定不构成的。

"诈骗罪"要求行为人欺骗被害人，使被害人陷入错误认识而处分财物。包括行为人积极造成被害人的错误认识、行为人有告知义务而不告知被害人、行为人强化被害人已有的错误认识并加以利用等情形。

公诉人指控谢某——向投资人隐瞒现货交易平台是封闭平台，以及隐瞒"对赌"模式（即公司盈利来自投资人亏损和交易手续费等），取得被害人信任后，利用直播间反向喊单，制造被害人交易亏损，最终骗取被害人财物。

拆解一："隐瞒现货交易平台是封闭平台""隐瞒对赌模式"，是否符合诈骗罪中"欺骗"的条件？

关于"封闭平台"。

在谢某公司的经营模式中，其合作的现货交易平台，虽是封闭平台，但不是虚假平台。按照设计原理，投资者在平台上交易的依据，是直播间里的分析师根据真实行情分析给出的反向结论。分析过程包括基于国际行情运用 K 线技术，分析原理和趋势，基于市场经济数据和信息，如美联储会议，欧佩克会议，EIA 库存数据等分析趋势。这种模式与同样是封闭平台，但在后台操控标的物的价格、涨跌趋势的情形明显不同，后台操控是明显在欺骗投资者，认定为诈骗没问题。看事情不能只看表面不看实质，何况涉及刑事犯罪。"现货交易平台是封闭平台"并不必然得出行为人是在诈骗的结论，还要看有没有操控价格和涨跌。

关于"对赌"模式。

谢某公司的盈利来源于投资人的损失和交易费等，是零和博弈。这种模式区别于赌博，因为投资人在平台上进行现货合约交易具有投资性质，投资人具有投资亏损的认识，而不是赌博的认识，此"对赌"模式不能认定为犯罪。

关于谢某隐瞒"封闭平台"和"对赌"模式。

谢某是否具有向投资人披露"封闭平台"和"对赌"模式的义务？

我认为没有。投资人只是谢某公司拉去平台投资的客源，投资人是在现货交易平台上开设账户并进行操作的，资金也是绑定在自己的账户里，谢某公司与投资人没有直接的金钱往来。具有披露义务的应该是交易平台，而不是只负责拉客的谢某公司。

本案中，投资人在现货平台上设立账户时，平台会出具相应风险告知书以及明确交易手续费、隔夜费等收费标准。投资人交易时，平台也会有相应风险提示。平台承担了向投资者告知风险及收费的一般披露义务。至于"平台是封闭的""对赌"模式是否属于应当对外披露的内容，我认为这属于商业行为中的商业机密，如有争议实在要披露，也应是平台的义务。

这其中还有犯罪数额认定的问题。谢某被指控诈骗非法所得为1460万元，其中有很大一部分来源于投资人高额的交易费、隔夜费必然支出，而交易费、隔夜费等收费标准，平台是明确告知过投资人的。如"投资人损失"作为"行为人盈利"这种对赌模式的披露义务有争议，那也只是"投资人损失"这一项涉嫌为谢某的非法所得，交易费、隔夜费等收入是绝对要从犯罪数额中扣除的。

拆解二：谢某是否"取得被害人信任""制造被害人交易亏损"，最终骗取被害人财物？

谢某案中受害人有几百人，不能一句"取得被害人信任"，就概括性地总结了这几百人的情况。

本案中投资者大多是炒股多年的股民，具有投资风险意识。投资者们具有一定的投资经验和投资知识，有自己独立的判断，直播间分析师的反向引导和其他业务员的掩护，只会干扰其判断，并不操控其判断。本案侦查笔录中也显示，有不少投资者或认识到了分析师在反向喊单，或只是把分析师的判断作为参考，最后是自己决定如何在交易平台上进行现货交易，其中有的亏损、有的盈利。公诉人一句"取得被害人信任"实在太粗暴，不符合客观事实。

那么谢某的经营模式是否"制造了被害人交易亏损"的事实？

如前文所述，分析师是根据真实行情分析得出反向结论并诱导投资者，这个反向结论一定是错误的吗？分析师不是上帝，不能预测未来正确的行情，其判断只是主观判断，其反向引导并不必然是错误的，导致投资人亏损。否则，分析师自己炒股或者炒现货就可以挣得盆满钵满。侦查笔录也显示，有不少投资者根据分析师反向喊单进行交易，结果投资者是赚钱的，反而是谢某的公司在亏损。谢某的经营模式不同于前文所述的"后台操控"模式，无法确定"制造被害人交易亏损"的事实。

以上可以得出一个客观的结论，即谢某公司的经营模式，本质为法律并未禁止的"对赌"，谢某不能控制投资人的认识和交易行为，而只能根据一个可以赌赢的较大概率来盈利。此外，其盈利中有很大一部分是投资人知晓的高额交易费等必然支出，更与犯罪无关。因此，谢某在客观上不能造成被害人的错误认识，不属于具有告知"对赌"义务而不告知被害人的情形，也没有强化被害人已有的错误认识并加以利用等，不符合诈骗罪条件。

我有很大的信心，如江苏省某市法院尊崇法律"专业"，"诈骗罪"是可以被否定的。

"非法经营罪"拉锯

谢某如要入罪的话，是在"对赌"的标的物上。

我研究了广东判这种经营模式为"非法经营罪"的几份判决，是把此模式中的"现货合约交易"认定成了"期货交易"，这涉及专业的金融产品区分。现货合约交易是基于现货（即时）交易的一种金融创新，即先买卖合约，后延期交割实物，法律目前没有明确的规定。这项金融创新很暧昧，一脚踏入了现货交易，又一脚踏入了期货交易。

"现货交易"是为了买卖实物，交易了结方式就是实物即时交割。"期货交易"不是为了即时买卖实物，而是为了从商品价格变动中获利，交易了结方式是对冲平仓，交易方式包括集合竞价、连续竞价等。"期货交易"金融属性较强，可以加入的杠杆较高，风险很大，因此监管等级较高，其经营资质需要得到国务院的批准，如无资质即经营，根据刑法规定，涉嫌非法经营罪。而"现货交易"只需要得到省政府的批准，如无批准即经营，对应的是行政处罚。

谢某涉嫌的"现货合约交易"，先买卖合约，后延期交割实物，其"延期"可以解释为"短期"内交割实物的现货交易，不用即时交割；也可以解释为不以交割实物为目的的期货交易，投资人加入了高杠杆，是为了从商品价格变动中获利，是以对冲平仓方式了结交易。

"现货合约交易"的"延期"的空间就是区分现货交易与期货交易的

关键。如能保证短期内买卖双方交割实物，则属于现货交易；如不能保证短期内交割实物，则判定为是以对冲平仓方式了结交易的期货炒作行为。很多现货交易平台打着以现货交易的名义，规避监管，实则为期货炒作的经营行为。2013 年，证监会发布了《关于认定商品现货市场非法期货交易活动的标准和程序》，专门认定现货交易平台实质从事期货业务的行为。

仔细研究谢某公司涉及的两家现货交易平台，我认为其业务的实质更接近期货交易，因为没有现货交割，也没有为了短期内实现现货交割而配套的设施。投资人投入少量保证金，就可以在平台上高杠杆融资，买卖合约，方式包括集合竞价、连续竞价等，账户每日结算，以对冲平仓方式了解交易。投资人在平台上交易是为了投机获利，而不是获得实物所有权。

我问过谢某意见，他认为自己无罪，只够得上行政处罚，那么我作为辩护人，也只能给他作无罪辩护。

公诉机关并未指控谢某涉"非法经营罪"，但是法院可以根据在案事实和证据依法作出裁判，不受公诉机关指控罪名的限制。

作无罪辩护，我认为谢某也不构成"非法经营罪"的思路是——默认了该经营模式的标的物是现货交易的创新，法律没有明确禁止，两家交易平台的批准手续均合法。

庭前会议和一审第一次庭审

会见时，谢某告诉我他被刑讯逼供，并提供了具体逼供时间、办案人员和逼供笔录。根据谢某的线索，我重点看了有问题的 4 份有罪供述，发现内容几乎一致，而且行文很书面，都是大段有逻辑的长句，这明显是办案人员事前编造好的，迫使被告人签字并复制的笔录。

为了充分保证被告人合法权利，开庭前，我申请了非法证据排除，并提供了相关线索。

2018 年 8 月 1 日，江苏省某市某区法院召开庭前会议，审判长要求公诉人提供讯问同步录音录像，公诉人却拿出了没有调取同步录音录像的"说明"，也就是说公诉方没有相关录音录像来证明取证的合法性。

谢某被控"诈骗罪"，涉案金额属于特别巨大的情形，可能被判 10 年以上或无期。根据《关于办理刑事案件严格排除非法证据若干问题的规定》第 10 条和《公安机关讯问犯罪嫌疑人录音录像工作规定》第 4 条，谢某案属于应当对讯问过程录音录像的情形。根据《最高人民法院关于适用〈中华人民共和国刑事诉讼法〉的解释》相关规定，应当对讯问过程录音录像的案件，法院应通知检察院在指定时间内移送录音录像，如未移送导致不能排除被告人被非法取证（《中华人民共和国刑事诉讼法》第 56 条规定）的情形，应当对其有罪供述进行排除。

2018 年 8 月 2 日，谢某案一审第一次开庭。

宣布开庭后，对于辩护人排非的申请，审判长宣布法庭作出了不予排除的决定，理由是本案不属于应当录音录像的情形，辩护人提供的线索不足以达到排非程度。

我当庭表示抗议，建议审判长现场查法条，并表示法院应当要求公诉人在指定时间内移送录音录像，不移送就应当排除非法证据。审判长是一位女法官，显得很不耐烦，看样子她是不想揽太大的工作量，只想赶紧推动庭审结束。这怎么可以？

我之前打听到审判长和侦办谢某案的刑警队长是夫妻，我认为这样的关系可能影响审判公正，当庭申请审判长回避。说完回避申请后，我感觉这个审判长开始正眼看我了。审判长请示完院长后，我的回避申请被驳回，之后这个审判长明显收敛了很多。

庭审进入调查和辩论程序，十几个被告人的辩护人，除了我发言的时间充分些，其他人发言不到 10 分钟就会被审判长催促结束，庭审后来就变成了我主要在说。

有律师提出"赌博罪""开设赌场罪"的，这样的观点被当庭驳回，不予采纳。我真实的感觉是无罪是不可能了，希望法庭考虑"非法经营罪"，并当庭提交了收集的其他省份按"非法经营罪"判的一些案例，其他律师也一起附和，法庭没有给我直接驳回。

庭审结束后，我向法庭提交了一份无罪辩护词，因为谢某要求的是无罪辩护。辩护词 30 多页，大概 1.3 万字，大篇幅论述了谢某等人不构成

"诈骗罪"，我认为这一项功夫我做得很扎实。对于"非法经营罪"是扬长避短，不对现货交易和期货交易进行细致探讨，定性这项金融创新是现货交易的产品创新，不需要经国务院的批准，不构成非法经营罪。

虽然提交的是无罪辩护词，但根据事实和庭审效果来看，最后恐怕还是要定非法经营罪。

11 名被告均定"非法经营罪"，统一江苏省定罪标准

谢某案后又经历了一次庭审，主要围绕非法经营罪进行讨论。

2018 年 12 月底，一审判决作出，谢某等 11 名被告均被认定为非法经营罪。11 名被告中，量刑最重的是谢某，3 年 6 个月，如按起诉的诈骗罪判，是 10 年以上或无期。

我听江苏省某市中院的一位法官说，谢某案汇报到了江苏省高院讨论，因为如果不按诈骗罪判，判非法经营罪，影响会非常大，已决的类案诈骗罪再审也会重新适用法律。

结果证明也是好的，江苏省法院系统以事实和法律为依据。此后类案在江苏省内判决均定非法经营罪；已决的诈骗罪案，当事人申诉改判也是非法经营罪。

一审判完谢某没再上诉。谢某的父亲对这个结果非常满意！

办案总结：

谢某案能够改判，是一次纯粹的法律专业的胜利。我作为辩护人身在其中，推动案子进展比较顺利，没什么阻力，有我深耕专业的原因，更是因为江苏省司法体系尊崇专业。

谢某案让我亲身经历了"同案跨省不同判"的司法现象。2018 年之前，最高法要求"同案同判"，之后司法实践一直在朝这个方向努力，全国统一裁判需要一个过程。

2020 年，最高法发布了《关于统一法律适用加强类案检索的指导意见

（试行）》（以下简称《意见》），"同案同判"开始正式摸索。该《意见》明确了类案检索范围，包括最高法发布的指导案例、典型案例和生效裁判；省高院发布的参考案例和生效裁判；上一级法院和本院的生效裁判。《意见》还提出，辩护人提交指导案例或其他案例作为辩护理由，法院应当回应和说明理由。根据该《意见》，如果类似案例最高法没有发布指导案例，全国统一裁判还是很困难。

2021年，最高法发布《最高人民法院统一法律适用工作实施办法》（以下简称《办法》），"同案同判"原则有了具体的规定。该《办法》进一步明确最高法指导案例的权威地位，对法官类案检索工作提出了更严格的要求。《办法》要求承办法官在审理报告中对类案检索情况予以说明，或者制作专门的类案检索报告，并将类案检索报告随案归入副卷；合议庭应当将案件统一法律适用标准情况纳入评议内容；合议庭应当参照指导案例的裁判要点作出裁判。

根据以上两个现行的"同案同判"依据，最高法发布的指导案例承担起了全国统一裁判的责任。在最高法未发布类案检索的指导案例前，我们辩护律师依靠专业水准，在一省之内做到同案同判也尚有可为，如谢某案，吾辈当自勉。

2024年春，在北京市京师律师事务所成立30周年庆典开幕式上，
王发旭律师和京师同仁合影

第十章　海南特大刑事涉黑案
——第一被告潘某辩护始末

2018年1月，中共中央、国务院发出《关于开展扫黑除恶专项斗争的通知》，扫黑除恶大幕拉开，并以雷霆之势，维护了社会稳定。扫黑除恶的社会效果值得肯定，但围绕其诸多法治问题也很严峻。

2020年，我辩护的海南潘某涉黑案中，海南省某市某村村委会被打成黑社会，39人被抓。该案得到了海南时任某领导的批示，被公诉方称为该省第2号特大刑事案，有关部门组织当地公检法召开协调会，对该案未审先判。

潘某案，具有涉黑案中"人为拔高"的典型特征，如多年前的故意伤害案被翻出，两极反转，被害人成被告人，联系紧密的宗亲关系成为涉黑组织关系，旧案当事人突然改口供，举报人横空出现等。该案证据造假问题可谓触目惊心，如指控潘某的两起寻衅滋事罪，证人证言中竟然出现了"时空穿越"；故意伤害案件中，先后成立了两个专案组，第一个专案组的有利材料被隐匿，第二个专案组呈现的凶器"从天而降"。

潘某案审判中，法庭不准网络直播，拒绝调取对当事人有利的材料，不同意调取讯问录音录像，不接受辩护人提交的证人证言，不同意辩护人申请的证人出庭作证，公诉人对辩护人的质证问题拒绝回答。一审后我们依法要求拷贝庭审录像，审判长无视法律规定，以"没有先例"拒绝。重审一审时，公诉人宣读的起诉书，与送达我们辩护人的起诉书是不同的两个版本。潘某拒绝辩护后，重审一审法庭为其指派当地法援律师，并在1日内开完庭（400多本卷的大案），潘某被强制接受法援辩护。

潘某案经过一审、二审、重审一审、重审二审，共计历时4年，重审二审结果是维持原一审和重审一审的罪名和量刑。因为我们控告的部分原因，2022年5月，该省政法委副书记、海南省扫黑办主任刘某被立案调查，2023 年 2 月，刘某被提起公诉。刘某是潘某案的"总策划师"，潘某案在原一审期间，我们就知道案子走不出该省，做好了向最高法申诉的准备。随着刘某的落马，我们辩护律师和该村几百名村民相信，真相最终会被揭开。

多年前旧案翻出，被害人成加害人

据统计，截至 2020 年 11 月底，全国累计打掉农村涉黑组织 1198 个，占全国打掉涉黑组织总数的 1/3。涉黑案中有多少是"人为拔高"凑数的，看看网上信访的当事人，潘某案便是其中之一。

潘某于 2019 年 5 月被抓，其被抓时是海南省某市某村委会主任、党支部书记。潘某的家属在 2020 年 4 月找到了我们京师律所，当时该案正处于审查起诉期间。

原一审中，潘某被控组织、领导黑社会性质组织罪，故意伤害罪，寻衅滋事罪，故意毁坏财物罪，开设赌场罪，强迫交易罪，敲诈勒索罪，聚众扰乱社会秩序罪，职务侵占罪，非国家人员受贿罪，妨害公务罪，聚众斗殴罪等 12 个罪名。重审一审中又增加了贪污罪、行贿罪、挪用公款罪、职务侵占罪（新的一起事实）等 4 个罪名。起诉罪名被当地法院全部认可。

组织、领导黑社会性质组织罪是潘某案的主要罪名，其余罪名中有一半是黑社会性质组织内实施的犯罪事实，一半是组织外实施的犯罪事实。最终数罪并罚。

指控潘某的第一个罪名是 1997 年的妨害公务罪，该案当时是以治安案件立案。此案在 1997 年已经了结的情况下，到了 2001 年，没有任何新增证据的情况下，改头换面成了刑事案件，也成为潘某 2019 年涉黑大案的开端。

为什么已经了结的治安案件会在 2001 年成为刑事案？仔细研究潘某案会发现，2001 年是关键的一年，不管是从卷面材料来看，还是从另一个真相的故事线来看，潘某的涉黑剧本是从 2001 年开始书写。

潘某在 1998 年就当选上了海南省某村村委会主任、党支部书记。

2001 年，潘某两兄弟和同村的转业军人王某两兄弟因为平日恩怨，发生了一起故意伤害案件。这起故意伤害案，被公诉方渲染成是潘某恶名远播的关键事件，是其威慑某村村民，后建立涉黑村委会的威权来源。这起故意伤害案让我迅速联想到，此案与其他被拔高的涉黑案具有相同的思路，都是多年前故意伤害案被翻出，事实呈现两极反转。

通过对案件控方证据的研究，我们发现控方的办案过程、证人证言、凶器来源都有难以解释的矛盾，后我们向潘某及其他相关被告人核实，才知道这起案子居然有两套材料，结论是完全相反的。第一套材料中的被害人，即潘某两兄弟，直接成为第二套材料中的加害人。这起故意伤害案是潘某整个涉黑案的题眼，通过对此案的深入研究，窥一隅而知全貌，我们了解到办案机关"操办"这起涉黑案的总体情况。

此案发生于 2001 年 5 月 10 日，案件发生后，某市公安局随即成立了第一个专案组，并在 2001 年 6 月 10 日得出侦查结论，即确定王某两兄弟是犯罪嫌疑人，持刀行凶，潘某两兄弟属于正当防卫；王某两兄弟一人受轻伤，一人受轻微伤；潘某两兄弟一人则被砍断了胳膊和腿，一人被砍到大脑，落下残疾。但是第一个专案组的侦查结果，没有让当时的海南省某市政法委书记、某市公安局局长韩某满意。

在第一个专案组查清事实的当天，也就是 2001 年 6 月 10 日，该市公安局就成立了第二个专案组。第二个专案组经过几个月的侦查，包括增加了与王氏兄弟有亲属关系的多位证人证言，王氏兄弟外逃 3 个多月后回到某村作出的陈述，最后得出的结论是，潘某兄弟是行凶人，王氏兄弟是正当防卫，彻底颠倒。

第一个专案组材料有利于潘某，按照法律规定，在 2020 年涉黑案审判中我们向法院和公诉人申请调取，但法检之间互相推诿，直到 2022 年本案重审二审结束，我们都没看到相关材料。而重审二审法院海南省高院在重审二审判决书中对此评议："潘某两兄弟是否受伤，不影响潘某两兄弟故意伤害案的认定。王氏兄弟对潘某两兄弟是否有伤害行为，是否构成犯罪，在检察机关未指控的情形下，不属于法院审查的范围。"

《中华人民共和国刑事诉讼法》第 41 条规定，辩护人认为在侦查、审查起诉期间公安机关、人民检察院收集的证明犯罪嫌疑人、被告人无罪或者罪轻的证据材料未提交的，有权申请人民检察院、人民法院调取。《最高人民法院关于适用〈中华人民共和国刑事诉讼法〉的解释》第 57 条规定，"……人民法院接受申请后，应当向人民检察院调取……"《最高人民法院关于适用〈中华人民共和国刑事诉讼法〉的解释》第 73 条规定，"……人民法院应当审查证明被告人有罪、无罪、罪重、罪轻的证据材料是否全部随案移送；未随案移送的，应当通知人民检察院在指定时间内移送"。

在这起故意伤害案中，对于能证明潘某无罪、罪轻的材料，该省高院的态度是"其与审判无关"。海南省高院独自作出了违背《中华人民共和国刑事诉讼法》和《最高人民法院关于适用〈中华人民共和国刑事诉讼法〉的解释》的决定。在涉及人的生命和自由的刑事案件中，刑法的谦抑性原则在哪里？在辩护律师已经提供明确的材料线索情况下，为公正审判，把材料全部调出来呈现法庭又如何？

我们再来看看，海南省某市中院和海南省高院认定潘某两兄弟故意伤害王氏兄弟的材料，也即该市公安局第二个专案组做的证据又是怎样的。

这份材料中，增加了多个与王氏兄弟有亲属关系、对潘某兄弟不利的证人证言，如果这几人当时真的在现场，为什么案发后第一时间成立的第一个专案组没去取证？还有王氏兄弟潜逃 3 个月后回到某村的陈述，在 3 个多月的逃亡中，二人早已互相串供的可能性有多大？第二份材料中的证人证言，指向潘某行凶的凶器是一把"白色不锈钢菜刀"，那为什么现场提取的潘某所持的刀是"黑色"的？为什么那把"白色不锈钢菜刀"上没有提取到潘某的指纹？这份材料里还出现了村民吴某（涉黑案的同案被告人）的两次证言，说她在案发现场看到了潘某所持"白色不锈钢菜刀"，但吴某跟我们说，她没出现在案发现场。

潘某在起诉书中被描述成："从家中拿出一把菜刀，与潘某一起赶往王某家，途中潘某一边挥舞菜刀一边扬言要砍死王家兄弟，多名村民见状上前阻拦潘某未果。"多么像被加工过的文学作品，谁要杀人会在大路上"扬言"？还"挥舞"凶器让人看见？还刚好出现多人上前来阻止？

因为该起案件，潘某于 2001 年 12 月被某市检察院批准逮捕。2002 年

4月，海南省检察院某分院对该案进行调卷审查，得出的结论是："证据不足，应不批准逮捕，退回公安机关补充侦查。"2002年5月，海南省某市检察院撤销了对潘某的逮捕决定。后这起故意伤害案被退回到了该市公安局补充侦查，直到2019年5月潘某被抓，该案都没有一个结果，而该市公安局在这十几年间也没有撤销案件。

由被害人被颠倒成加害人，潘某在2001年便一直控告此案的始作俑者，即海南省某市政法委书记、某市公安局局长韩某。控告没有结果，反而是韩某又将潘某1997年的治安案件在2001年上升为了刑事案件，当然该案也同故意伤害案一样久拖不决。

2001年的这起故意伤害案，潘某两兄弟作为嫌疑人，在2001年、2002年是证据不足，事实不清，为何到了2020年，没有任何新增证据的情况下，竟然能重新启动，在涉黑案中被判成证据充分、事实清楚？1997年的妨害公务案，同样也是没有新增证据的情况下，跨越二十几年时间，在2020年涉黑案中被判成了证据充分、事实清楚。

我们辩护律师向当年故意伤害案的在场证人取证，制作了录像形式的证人证言，并附加了录像转化成的文字版提交给法庭，欲证明当年是王氏兄弟预谋行凶，潘某是赤手空拳进入王家却被砍倒的事实。但是该市中院在原一审中对于此份证据的态度是，"没有经当事人签名确定，形式上不符合法律规定，真实性无法确认……不予采信"。

从法律规定来说，《中华人民共和国刑事诉讼法》只规定了笔录形式的证人证言需要证人签字核对，录像形式的证人证言并不禁止，并且录像能更直观地反映出证人的真实状态。从实践来说，在通信技术不发达的过去，证据以笔录为中心是合适的，如今通信技术高度发达，僵守笔录的意义是什么？现在最高法提审死刑犯都是视频提审，没有被告人的签字画押，也执行了死刑。杭州市中院、浙江省高院的多数开庭审理也不再是记笔录的形式，而是将庭审录像记载云储存，律师可以拷贝。海南省某市中院不顾法律规定，不要常识，硬要我们在录像上签字，我就问法官："录像签字在哪签？"法官不予回复。

潘某在2001年被砍成重伤，住院一年多，因其不能继续任职村委会主任、书记，就被免了职。2004 年，该村村委会换届选举，潘某重新竞选村委会主任、党支部书记，并当选。

"曾经砍人还能当选"，公诉人在起诉书中塑造了潘某人生这样的转折，将其故意伤害案和重新当选一事连接，拼凑成了其涉黑案的开端。即：潘某不用为 2001 年的故意伤害案负责，还能竞选成功，具有"深厚背景"（此为捆绑打击背后保护伞，本案不讨论）。某村村民在潘某的威权和打压下形成了惧怕心理，潘某涉黑组织至此开始形成。

潘某早就在 1998 年就当选过某村村委会主任和党支部书记，2004 年其重新当选后，结合 2001 年这起两极反转的故意伤害案，潘某任职的村委会，不曾想竟然成了"黑社会"。

房地产开发还原另一个真相

潘某于 2004 年重新当选某村村委会主任、党支部书记。

公诉人给这一事实增加的背景描述是："潘某在前案尚未了结的情况下重返某村，通过威胁、恐吓、贿选等手段破坏选举，打压竞争对手，迫使原某村党支部书记何某放弃竞选，潘某得以重新当选某村党支部书记、村委会主任。经此一事，潘某在当地恶名远扬。"此后，"潘某安排亲信在村委会担任重要职务，控制大小村务，并纠集了村内一帮闲散人员及有前科劣迹的人员作为村内打手，对持反对意见的村民打击报复，其名声和影响力不断扩大，直至称霸一方，逐渐确立了强势地位控制农村基层政权。至此，以潘某为首的黑社会性质组织正式形成"。

在公诉人的指控中，自潘某 2004 年重新当选某村村委会主任、党支部书记后，就把某村村委会建设成了黑社会性质组织，直到其 2019 年被抓。也就是说，在 2004 年至 2019 年期间，某村村委会作为黑社会组织存在了 15 年。如果某村村委会真是黑社会，欺压群众，那么为什么 15 年间，除了与潘某有过节的王氏兄弟，竟然没有其他村民去举报？

我们向原某村党支部书记何某取证，询问他是否是被潘某威胁放弃竞选？何某没有拒绝我们，坦言是自己不想再操心村委会的事，潘某比较得民心，既然他回来重新竞选了，自己就主动退出。我们再向何某取证，为什么在公安机关那做的笔录说自己被潘某打击报复？何某说，公安机关都是把他们这些村民叫到一个宾馆里，下午四五点叫过去，第二天凌晨才放人，公安机关做的笔录，村民不签字就不放人，很多村民不识字，说签字放人那就签字了，他也不是很清楚公安机关笔录里写了什么。我们把何某的证言全程录像。

我们把控方证人全部筛了一遍，找了指控潘某涉黑的某村村民取证，该村民的说法跟何某说的基本一致，不识字，不签字就不让走，不清楚笔录写了什么。我们全程录像。

之后，我跟助理律师在某村里走访，随机询问遇到的村民对潘某的印象。我们一共问了二十几个村民，他们都朴素地认为潘某是好人，说到潘某涉黑被抓，他们很震惊。有1个村民说得比较多，给我们报了他的身份证号，还给我们分析了一通。这个村民认为潘某被抓是因为村里土地开发的问题，"其他村的领导，自己得点好处就把村里的土地开发了，我们村是潘某带着村民不让开发才被抓的"。

通过走访村民、询问被告人及家属、调取材料，我们还原出了潘某特大涉黑案的另一个真相。

海南省某市某镇某村（潘某所在的村）坐落在该省第一山、东山岭脚下，离高速公路路口、市中心开车均不到10分钟，地理位置优越。某村有6平方公里9000亩土地，因某村位于黄金地带，寸土寸金，多年来一直被地产商所青睐。

1990年初，海南省某市政府和县政府规划在潘某所在的村发展当地工业，以每亩1500—5000元的价格，征用800亩该村耕地作工业用地，市政府承诺为了照顾失地农民，办工厂优先招用该村失地农民。但工业区最终没办起来，原因不明，800亩工业用地一直处于规划文件中，被动"沉睡"，后部分土地被该村村民复耕。

2001年，按照时任该市政法委书记、该市公安局局长韩某的指示，该市国土部门将800亩用地中的120亩地使用权，转让给了该市的某公司。某公司获得土地使用权后，迅速抵押给银行获取贷款，但并未在某村办厂，村民失了地，也没有安排。潘某带着村民向市委和市政府讨要说法，并且控告韩某，潘某由此成了韩某的眼中钉，在 2001 年故意伤害案中从被害人被打成了加害人，1997 年已经了结的治安管理案件也在 2001 年上升为刑事案件。

2002 年，800 亩地中的 217 亩，又被该市政府以 6000 元/亩的价格转让给了黑龙江一位女商人，此转让行为没有对该村公示，村委会和村民毫不知情。后 217 亩地被村民复耕，这位女商人强硬地把地上的农作物推平，村委会带着村民阻拦，这位女商人扬言地是市委某书记批给她的，谁也拦不了，但迫于村民的团结还是给予了一些补偿。后这位女商人不知什么原因被公安机关立案侦查，土地继续被"搁置"。

再后来用地又不断换新的"主人"，却始终没发展起来，农民也不能耕种，部分被抵押出去的土地还被银行查封。

2011 年，海南房地产开发迎来热潮，该市某公司老板找到时任该市委副书记、市长丁某，请托把其已获得工业使用权的该村 85 亩地进行土地变更，开发房地产。2011 年 5 月，由丁某主导的该市市政府会议，同意将 85 亩工业用地变更为商住用地，以某公司补交 86 万元/亩的土地出让金方式取得。

根据《国务院办公厅关于清理整顿各类开发区加强建设用地管理的通知》，协议出让的土地改变为经营性用地的，必须先经城市规划部门同意，由国土资源行政主管部门统一招标拍卖挂牌出让。该市政府未经招拍挂程序就给土地变更，此行为违法。此外，2011 年该市商住土地市场价格为 170 万元/亩，工业用地为 40 万元/亩，中间差额是 130 万元/亩，某公司以 86 万元/亩补交出让金，这个补交价格明显低于市场价。

该市政府在 1990 年初是以每亩 1500—5000 元的低价，征用了该村 800 亩地用作办厂发展经济。后十几年来，800 亩地一直被荒废，悬而不决，村民不能复耕也没有补偿。最后，土地几经流转用作房地产暴利开发（170 万元/亩）。多年来，潘某带着该村村民不断控告此事，包括公开写信给市委和市政府，提出要求解决该村的土地问题，但始终没有结果。

2011 年，某公司准备在该村开发房地产，潘某带领村民阻拦，某公司房地产项目搁置。

2018 年、2019 年，扫黑除恶专项运动在全国轰轰烈烈展开，潘某所在村土地的开发商把触角伸到了海南省政法委副书记、海南省扫黑办主任刘某那里。开发商编造了潘某涉黑的材料交给了刘某，彼时刘某是海南省扫黑第六督导组组长。2019 年 1 月，海南省政法委给海南省公安厅发文，说省扫黑第六督导组发现潘某"操纵基层政权，侵占他人财产，垄断工程项目，涉黑涉恶"。海南省政法委批示海南省公安厅对潘某涉黑线索初查。2019 年 3 月，海南省公安厅指定某市公安局某分局，对潘某涉黑犯罪线索管辖。2019 年 5 月 3 日，潘某等十几个主要被告人一夜被抓，后二十几个被告人陆续被抓。

我们律师翻遍起诉文件，没有发现公安机关对潘某的"初查"材料。也就是说，潘某特大涉黑案，是在没有初查的基础上，先抓人再收集的证据。还有，海南省政法委说省扫黑第六督导组发现的潘某涉黑涉恶线索，又是什么呢？2018 年底，刘某带领的第六督导组入驻海南某市进行为期 20 天的督导。媒体报道，"第六督导组成员以不发通知、不打招呼、不定时间、直奔现场的方式到某市第一农贸市场、第二农贸市场，物流公司，火车站，汽车站，和乐镇，大茂镇，长丰镇等地进行了明察暗访"。起诉潘某的犯罪事实并没有发生在以上几个地方，所以，第六督导组是如何发现潘某涉黑涉恶的线索的？就凭开发商编造的举报信？

潘某一案，共 39 人被起诉涉黑，被告人由该村村委会成员和潘某的亲属人员组成。2019 年 5 月，潘某等被告一次被抓后，案子还未进入审判程序，海南省公安厅就迅速举行了新闻发布会，称捣毁了海南省特大涉黑团伙组织。

穿越时空的证据，旧案当事人突然改口供，横空出现的举报人

我们于 2020 年 4 月介入潘某案，2020 年 6 月，潘某等 39 名涉黑被告被提起公诉。

潘某案的起诉材料 400 多本，经过 2 个多月的阅卷，我们看到的潘某案证据问题十分严重。前文已有部分论述，在此还要提几个令人触目惊心的证据造假问题。

其一，指控潘某的两起寻衅滋事罪证据出现"时空穿越"。

在 2009 年 1 月的麦某某、王某某轻微伤寻衅滋事案中，潘某根本就没有到现场，当时的受害人王某某，也是本案办案人员（某市公安局某派出所副所长），其出具的笔录是：2009 年 1 月 4 日，其在现场看到了潘某车牌号 C×××89 的宝马越野车。但是这辆越野车是潘某在 2009 年 10 月购得，C×××89 的车牌号是 2010 年 5 月申请下来。

在 2010 年某村 1 和某村 2 的土地争议寻衅滋事案中，被害人陈述，其在 2010 年 3 月 14 日看到了潘某开着车牌号 C×××89 的宝马越野车达到现场，同理，该车牌是在 2010 年 5 月才申请下来。

其二，已有生效判决定论的刑事案，当事人突然改口供，新供述造假痕迹明显。

在 2005 年，余某和龙某故意伤害案中，早已有刑事生效判决定论，二人因为私人纠纷伤害他人，并无人指使。2019 年，余某和龙某作为潘某涉黑案的被告被抓后，这起旧案被翻了出来。余某和龙某新供出潘某是指使者，但是二人的笔录异常，明显不合理。如余某的供述，一共 12 份，刚被抓后的次日就有 2 次讯问和供述，这 2 份供述笔录与原判认定的事实基本相符，在最后确认的时候，余某自己书写"以上笔录已向我宣读和我说的一样"。余某的第 3 份供述开始异常，这份笔录没有再写是第几次讯问，是否是第 3 次讯问不得而知，该份笔录出现了一处很明显的变化，笔录最后是侦查人员书写的"笔录已向犯罪嫌疑人余某宣读，其表示与其说的相符"，并签字按印，该份笔录明显是余某先签字，侦查人员后填上的这句话。之后的 9 份笔录没有再写是否已向余某宣读过或余某自己表示听过，只有余某的签字，那么如何证明余某已经知晓其中的内容？

根据《公安机关办理刑事案件程序规定》，讯问笔录应当交犯罪嫌疑人核对或者向他宣读。如果记录有遗漏或者差错，应当允许犯罪嫌疑人补充或者更正，并捺指印。笔录经犯罪嫌疑人核对无误后，应当由其在笔录上逐页签名、捺指印，并在末页写明"以上笔录我看过（或向我宣读过），和我说的相符"。拒绝签名、捺指印的，侦查人员应当在笔录上注明。讯问笔录上所列项目，应当按照规定填写齐全。

异常笔录都是余某供述潘某指使这起故意伤害案，如果办案机关不能提供同步录音录像，证明笔录的合法性和真实性，那就不能排除笔录造假的可能，应当排除。

果然，在2020年9月27日的一审庭前会议上，余某、龙某翻供，证实了是某公安分局在栽赃陷害潘某。某公安分局利用诱供、骗供、不让确认笔录等手段，费尽心思地从二人口中取得了潘某指使其砍伤他人的虚假证言。

其三，举报人横空出现，公诉人以孤证指控该村村委会敲诈勒索。

企业给贫困户捐款，是多么常见的一种公益现象。潘某所在的村从2011年就得到周边企业赞助，持续了很多年。

举报潘某操纵该村委会敲诈勒索的，是江西某市第一建筑工程公司的项目经理吕某某。

潘某所在村村委会一直是以给企业送公开信的方式得到的捐款，第一建筑工程公司从2011年开始，每年收到村委会公开信，每年给该村捐款5000元，村委会收到捐款后会给捐款单位出具收据。2019年潘某所在村村委员成员被抓，第一建筑工程公司捐款停止。

吕某某是在2015年任第一建筑工程公司的项目经理。卷宗显示，2019年9月潘某等人被抓后，吕某某去公安分局报的案。控方根据吕某某的举报，认定第一建筑工程公司从2015年至2018年给某村捐的款，是潘某所在村村委会敲诈勒索所得。

指控逻辑完全不通，如果认定第一建筑工程公司捐款是被敲诈勒索，为什么只认定2015年至2018年的部分，之前的怎么不算？敲诈勒索怎么是用公开信的方式？事后还给人出具收据？给该村捐款的远不止第一建筑工程公司，为什么从来没有人举报过？潘某等人被扫黑定性后，突然又出来一个报案的受害人？

该项指控中，第一建筑工程公司的其他证人和某村村委会成员，能证明该公司每年给村委会捐款5000元，但是证明被害人是基于恐惧心理捐款的，只有吕某某一人的陈述。对于该项事实，公诉人是以孤证、且是言辞证据指控，遗憾的是法院最终也以孤证定罪。

后来我们向法院和检察院都申请对被害人吕某某取证，但并未得到准许。

根据《公安机关办理刑事案件程序规定》，涉黑案件属于"其他重大犯罪案件"，应当对讯问过程进行录音录像。又根据刑事诉讼法司法解释相关规定，对于应当录音录像的案件，如检察院未移送录音录像，导致不能排除《中华人民共和国刑事诉讼法》第 56 条规定的非法取证情形，应对相关笔录进行排除。

庭前会议中，我们认为控方很多证据不能排除《中华人民共和国刑事诉讼法》第 56 条规定的非法取证的可能。我们向某市中院（原一审法院和重审一审法院）申请查阅、复制讯问同步录音录像，但结果可想而知，法院认为控方证据的合法性没有问题，驳回了我们的申请。

一审审判，不予网络直播，不采信辩方证据，不许辩方证人出庭

2020 年 10 月 12 日，海南省某市中院公开审理潘某一案。说是公开审理，但不准许网络直播。

庭前会议中，我们曾申请网络直播，合议庭的回复是，案件已经是公开审理了，没必要再搞网络直播，潘某还有同案犯在逃，不能让同案犯知道案情。我反问审判长："不能让同案犯知道案情，就不保证被告人的合法权利了？你们说是公开审判，哪一点是公开的？到时候媒体让进吗？市民让进吗？"审判长不予回复。

潘某特大刑事案，就在 2020 年 10 月 12 日进行了"秘密"审判。39 名涉黑被告人，除了少数几个人作罪轻辩护外，其他人均作无罪辩护。

开庭第一天上午，我们申请了合议庭回避，审判长宣布休庭，我们辩护人暂时离开审判庭，潘某等被告人在审判庭等待开庭。

我们的回避申请被驳回，下午庭审继续。

庭审中我们发现潘某被约束在囚椅上，双手被铐在后背，光脚戴脚镣，关键是鼻右侧有一道 2—3 厘米的血沟，已经结血珈。审判长开庭时宣

布潘某威胁法警，受到了惩罚。潘某则当庭大哭并表示，中午休庭期间，他因为指责执行庭法警没有戴口罩，被法警当场仰面掀翻，后遭到多名法警殴打。

我对合议庭提出强烈抗议，审判长再次宣布休庭。

再次休庭期间，我询问潘某的身体状况，潘某回答："手没有知觉了，中午被多名法警打蒙了，身上都是伤。"后在我们的强烈抗议下，审判长准许法警打开了潘某的手铐。

究竟 2020 年 10 月 12 日中午休庭期间发生了什么，我没有亲眼看到，但是潘某的脸上有 2—3 厘米的血口子，身上带着戒具，其受到了明显的伤害是事实，其当庭大哭也是事实。审判长说潘某威胁法警，是怎么威胁的？如果是语言威胁的话，法警就能动手打人？如果是暴力威胁，几十个年轻法警看护一个 50 多岁曾经身受重伤的人，是怎么被暴力威胁的？审判长的说辞无论如何不能解释客观事实。对此我们也多方投诉，但都没有答复。

2020 年 10 月 13 日，庭审继续。

我们向法庭申请我方证人出庭和被害人出庭接受询问。在我们申请证人出庭作证后，同一天，某公安分局的副局长王某，就带着干警去潘某所在村询问一直以来为潘某说好话的村民。王某专门选在了晚上 11 点，利用困倦式询问的方式，让不识字的村民在对潘某不利的笔录上签字。此前该公安分局就在该村宣扬要继续抓支持潘某的村民，意欲何为？后我们向合议庭递交了《保护证人申请》，法庭依旧没有回复。在公安分局如此威慑下，仍有 4 位证人愿意出庭作证潘某没有欺压村民的行为。这 4 位证人在该市中院法庭外等了 4 天，但最终合议庭驳回了我们的出庭申请，他们不能作证。

回避和出庭等程序性事项来回争执了 4 天，最终我们的所有申请都被驳回，公诉人在开庭前 4 天没有念完完整的起诉书。

2020 年 10 月 16 日，庭审第 5 天，公诉人念完了起诉书，进入举证质证阶段。

我们当庭指出了公诉人证据造假，如时空穿越、孤证指控、笔录异常等问题，但是合议庭和公诉人均不予回应。到我们举证的时候，我们向合议庭提交了此前准备好的大量取证的证人证言录像，要求合议庭当庭播放。审判长看到我们提交的数量众多的光盘，觉得任务量很重，开始不耐烦，让我们概括说一下证人证言情况，录像就不播放了。放不放录像，跟你口头说情况，效果是截然不同的。

我不同意，也很恼火，我对审判长说："我们质证公诉人证据造假那么明显的问题，你们不予回应，现在我们的取证如不能在法庭上播放，那还要这个开庭干什么？"审判长继续说："你们的证据形式不符合法律规定，没有证人签字。"我反问："荒谬！让证人在录像上签字？不知在哪里签？"审判长不予回应。

庭审气氛异常紧张，我接着说："审判员、公诉人，结果早就定了的事，偏偏还要走个庭审过场，我们律师配合你们也很辛苦，爱怎么判怎么判，我们也没办法啊。"接着我对旁听席上潘某家属说："我们辩护人不能依法维护当事人的合法权利，请解除对我的委托。"潘某家属同意，拿出了提前准备好的解除委托书，当庭宣布解除对我的委托。我又大声问被告席上的潘某，是否同意家属解除对我的委托，潘某说同意。接着我退了庭。

庭审中，如辩护人擅自退庭会受到处罚，但迫不得已，不退庭又无法表明自己的态度、引起合议庭重视。此前，我跟潘某的家属沟通过，其是我的委托人，如果法庭不同意我们播放取证录像，说明我们辩护人不能维护好当事人的合法权利，要我们辩护人也没用，就当庭直接解除委托。潘某女儿同意。解除委托后，我就不具有辩护人资格，退庭合理合法。

审判长宣布休庭。

我被审判长叫过去谈话，审判长是一位女士，看起来应该刚被领导批评过，见到我时其眼睛还红肿湿润。审判长见到我情绪很激动，声音还在颤抖。审判长说合议庭可以同意选择播放一些我方的证人证言，希望我在接下来的庭审中顺利开完。我口头答应她："好好好，我也很希望把庭开下去。"

潘某家属又把对我的解除委托书撤回。

在之后的庭审中，合议庭同意选择性播放几段我方的证人证言。我挑选了证人被某公安分局疲劳询问、诱导，并且不知情笔录内容的几段录像进行播放。录像播完后，被告人和旁听席上的家属们都很愤怒。我们提交的证人证言录像最后在判决书中被认定为"不符合法律规定，不予采纳"。

2020 年 10 月 12 日至 23 日，潘某案一审在该市中院进行了"公开"庭审，历经 12 天结束。庭审中我们辩方进攻激烈，无奈很多问题合议庭和公诉人都不予回答。庭审结束后，我们提交了 6 万多字的潘某无罪辩护词，开篇就表示我们必将会向最高法申诉到底，同时以聂树斌案等冤假错案倒查追责予以警醒。

庭审结束后，我们去向审判长申请拷贝庭审录像，审判长说他们此前没有这个先例，不给复制。我说："最高法有明确的解释规定，辩护人可以复制庭审录像，什么叫你们没有先例？"审判长又不予回复。（注：《最高人民法院关于人民法院庭审录音录像的若干规定》第 11 条规定，当事人、辩护律师、诉讼代理人等可以依照规定复制录音或者誊录庭审录音录像，必要时人民法院应当配备相应设施。）

2020 年 12 月 22 日，潘某案一审判决作出。检察院指控的罪名，该市中院全部认可，潘某被合并执行有期徒刑 25 年，这是有期徒刑执行最高刑。

对辩方证据是否要进行"合法性"审查？

以潘某案为例，我想讨论一下法庭对辩方证据进行"合法性"审查的问题。

对证据合法性的要求，《中华人民共和国刑事诉讼法》及相关解释作了非常多的规定。总体来说，证据分为合法证据和不合法证据，本文主要讨论不合法证据。

不合法证据包括非法证据和瑕疵证据。

非法证据细分为以下两种。

其一，是违反《中华人民共和国刑事诉讼法》第 56 条规定，即侵害嫌疑人、被告人、被害人、证人等宪法权利，采用暴力、威胁、限制人身自由等方式收集到的证据。此类证据一律予以排除，这一类证据也被称为适用非法证据排除规则（《关于办理刑事案件严格排除非法证据若干问题的规定》）的证据。

其二，是严重过失收集到的证据。如物证、书证不能证明来源的；证人醉酒、中毒状态下，不能正常感知和表达提供的证言；笔录没有经当事人核对签名；对聋哑人、外国人讯问或询问，没有通晓手势的人员或翻译在场；讯问未成年被告人，法定代理人或合适成年人不在场等。此类证据为严重过失收集到的证据，是非法证据，也应一律排除。

瑕疵证据，即证据具有轻微瑕疵，经过补足或合理说明后，可以成为合法证据。如笔录缺少办案人员签名；电子数据被修改；勘验、检查中，侦查过程具有违法情形等。

纵观法律及解释，我们会发现，对证据合法性的审查，没有规定仅对控方收集到的证据适用，那么辩方收集到的证据是否也适用"合法性"审查？

合法性、真实性、关联性是刑事证据的基本特征，这是法学理论界和实务界的通说。虽然《中华人民共和国刑事诉讼法》关于排除非法证据的规定并没有指向辩方证据，但是，也没有明确规定辩方证据不在排除之列。实践中则发展为，在庭审质证过程中，控方会以证据不具有合法性或者证据来源不明为由，质疑辩方的证据，而法庭也经常会支持控方的质疑，法庭对辩方证据合法性的苛求，成为辩护人实现被告人辩护权的严重障碍。

我认为，首先从法律条文来说，法庭对辩方证据不存在合法性审查的依据。

我国刑事诉讼法只对公权力取证方式进行了合法性的规定。如根据《中华人民共和国刑事诉讼法》第51条，公诉案件中被告人有罪的举证责任由人民检察院承担。刑事诉讼法第52条规定："审判人员、检察人员、侦查人员必须依照法定程序，收集能够证实犯罪嫌疑人、被告人有罪或者无罪、犯罪情节轻重的各种证据。严禁刑讯逼供和以威胁、引诱、欺骗以及其他非法方法收集证据，不得强迫任何人证实自己有罪。必须保证一切与案件有关或者了解案情的公民，有客观地充分地提供证据的条件，除特殊情况外，可以吸收他们协助调查。"作为规范我国刑事诉讼活动的根本法，《中华人民共和国刑事诉讼法》就没有规范辩护律师取证程序的条文，无从谈起合法不合法。

没有法条依据，对于辩方证据的合法性审查，那么只能从法理和常理出发。

如前文所述，不合法证据分为非法证据和瑕疵证据，非法证据又有两类细分。控方瑕疵证据补正后可以作为定案依据，辩方证据更应如此，瑕疵证据是小问题。我们重点讨论非法证据的合法性审查。我认为，非法证据排除规则不适用于辩方证据；对于辩方因严重过失搜集到的定罪量刑关键证据，法理和常理不能支撑法庭对其进行合法性审查；对于辩方因严重过失收集到的非定罪量刑的证据，因涉及他人利益（如证人），可以要求其形式合法。

先看非法证据中，"适用非法证据排除规则"的证据，即违反《中华人民共和国刑事诉讼法》第56条规定，即侵害嫌疑人、被告人等宪法权利收集到的证据。

从理论来看，只有公权力机关才可能构成侵犯公民宪法权利的主体。所以，非法证据排除规则，作为公民宪法权利的救济手段，自然只能针对公权力机关的违法取证行为，而不适用于私人违法取证行为，后者只能通过其他途径加以制裁。

再看"严重过失"收集到的非法证据。我认为不应以对控方的标准，严苛要求辩方的证据，应以保障人权为原则，具体、宽松对待。我们讨论在实践当中最常出现的两种情形。

（一）笔录形式的证人证言，没有证人签字核对

笔录没有证人签字核对，确实不能证明证人真实作证，法庭因此不予采纳我们也没意见。一个证人证言被驳回了，我们还可以再次取证，仍有纠正空间，被告人的合法权益维护不至于被一个证据问题拦住。不过法庭要证人在录像证言上签字，纯属无稽之谈，控方同步录音录像怎么不要求被告人在录像上签字才算合法、真实？

（二）不能证明来源的物证、书证

这在实践中是辩护人和被告人的难言之隐。多年来，辩方证据获取途径违法或者无法说明来源的现象时有发生，在此我要举几个现实的例子。

我曾辩护的一起诈骗案，被告人收到被害人几十万元货款，被告人将合同原件（没有复印）交给侦查机关，侦查机关不承认收到该证据，被告人有口难辩。最后一审被告人被判罪名成立。二审期间，被告人的弟弟从公安局局长的抽屉里偷出来该证据，并转交给本律师，后二审才改判无罪。又如，某刑事案中，被告人家属为辩护律师提供了一份关键性证据，其真实性和关联性都没有疑问，但家属却不敢公开该证据的来源。再如，某案件中，一个通缉犯向法院寄送了一份能够证明被告人无罪的关键证据，但该通缉犯又无法出庭作证。以上情形，不能让被告人承担证据来源不明或违法的不利后果，或者说，不能由于辩方证据不具有合法性而放任无辜的被告人蒙冤。如果遇到一种极端的情况，一桩杀人案中被告人的律师以违法方法收集到了一项足以证明被告无罪的证据，法官能否因该证据不合法而仍然判决被告有罪并处以极刑？实践中应当没有法官会这样做，但是，法官在判词中又该如何解释？

刑事诉讼中，公权力机关是如此的强大，嫌疑人、被告人或律师，作为个人是如此的弱小。公权力机关取证畅通无阻，且是团队作战，还有技术侦查这样的高端技术支持，是律师无论如何都比不上的。非法证据排除的价值在于捍卫人权，维护法治，防止冤假错案，给强大的公权力以监督。所以，严格排除控方的非法证据虽然是以放纵个别罪犯为代价，但却有利于维护司法公信力，符合法治社会的整体利益。而如要以同样的标准排除辩方的证据，代价则是侵犯人权，铸成冤假错案，不是法治国家追求的方向。

以上分析，对于辩方证据合法性审查，我得出四个结论：

结论一，合法性审查没有法律条文的依据。

结论二，轻微瑕疵证据是小问题，从常理来说，控辩双方都可以补正。

结论三，从法理角度看，严格排除非法证据规则只适用于控方证据，而不适用于辩方证据，这一点是毋庸置疑的。

结论四，从法理和常理看，因严重过失搜集到的证据中，对于控方应严格把控、予以排除，对于辩方，司法总体应以保障人权为原则，宽松对待。其中，对于定罪量刑的关键性证据，如来源不明的物证、书证，法庭对辩方证据不存在、也不应该存在合法性审查，此时合法性问题应让位于人权保障；对于非定罪量刑的关键性证据，如涉及他人利益的证言，则可以要求其形式合法，不合法则不予采纳。

司法的天秤总体应向保障人的生命和自由倾斜，这是现代法治国家司法的应有之义。

二审发回重审，海南省高院提请省政法委召开协调会，重审二审书面"秘密"审判

潘某案二审发回重审后，历经三次延期，才顺利开庭。在重审一审开庭前，2021 年 11 月 29 日，我接受潘某委托，在海南省某市某区法院，对潘某案的一审法院某市中院提起民事诉讼，要求某市中院赔偿潘某因无辜被延期开庭，多支付的律师差旅费。此行为是为了让某市中院在潘某涉黑案中回避，变更管辖。

民事诉讼中，对被告的要求就是"明确"，不管是自然人、法人还是其他组织，只要姓名/名称、住所等信息具体明确，足以使被告与他人相区别的，即为民诉中明确的被告。法院理论上是可以成为民事被告的，实践中法院也有成为民事被告的案例，但不多。如新中国刚成立时，最高法在西城区侵害邻居的一处房屋，被当事人在西城区法院起诉，最终西城区法院判最高法败诉，赔偿当事人损失。海南省高院也做过被告，他们做过一个认领孩子的事，结果把认领弄错了，多年后家属亲子鉴定发现错了后，就起诉了海南省高院，最后人民法院也赔偿了。

我们在某区法院起诉市中院后，该区法院联系当地司法局领导，来劝我们撤诉。我们就撤诉了。

后来重审二审我们上诉又说这个事，认为该市中院与被告人有利益冲突，可能影响审判公正，该市中院不宜审判潘某涉黑案，该市中院重审一审潘某案为程序违法。海南省高院对我们的上诉理由评价道："人民法院依法行使审判权，与被告人之间并非平等主体之间的民事法律关系，不具有民事可诉性，某区法院因而未受理，上诉人及辩护人以此为由提出一审法院不具有管辖权，不属于刑事诉讼法及司法解释规定的管辖和回避情形。"

"并非平等主体之间的民事法律关系，不具有民事可诉性。"那是转而提起行政诉讼的理由。诉讼就分民事、刑事、行政三类，法院是司法机关不是行政机关，不适用行政诉讼法，法院侵害了他人权益，被索赔，这不属于民事纠纷是什么？如前文所述，法院做民事被告，理论和实践都有依据。再者，如某区法院不予受理，应该送达我们不予受理的裁定书，拿着这个裁定书，我们还能上诉，真实情况是我们被"劝说"撤诉。

我提该市中院被起诉这个小插曲想说明的事情是，对于法院判决，并不是法院认定的就是客观事实，司法系统内部都有二审和再审纠错机制。潘某案中，该市中院和海南省高院在判决书中载明的事实，以我辩护律师的视角看，就是歪曲事实。

2021年12月6日，潘某案重审一审继续在该市中院开庭，刘某亲自坐镇庭审监督开庭。39名涉黑被告人中，绝大多数与原一审一样，仍作无罪辩护。

重审一审刚一开庭就发生了"阴阳"起诉书事件。公诉人宣读的起诉书与送达我们辩护人的起诉书不一致，公诉人宣读的起诉书中增加了对潘某四项罪名的指控，即挪用公款罪、贪污罪、行贿罪和职务侵占罪（新增事实）。我们当庭表示反对，公诉人表示依照法律规定，检察院在发回重审案件中，可以追加起诉。审判长表示，追加起诉书已经送达了被告人，并无不当。该市中院的观点，在之后的重审二审中，被海南省高院认可。

我反问重审一审审判长："根据《中华人民共和国刑事诉讼法》规定，法院在开庭前，应将检察院的起诉书副本在开庭前10日送达被告人及其辩护人。'及其辩护人'这个规定在哪儿？我们律师都没有看到补充起诉的内容，怎么准备辩护？"

审判长说："律师可以申请准备辩护，并确定时间。"

我认为此事是该市中院没有道理，便申请调取办案机关某区公安分局的讯问同步录音录像，但该申请还是被合议庭驳回。

从合议庭的态度上，我们知道重审一审又是一个走过场的审判，跟原一审一样，毕竟海南省的政法委副书记都在庭审现场"盯着"。

重审一审开了两天庭，我就与当事人商量解除委托。当事人解除对我的委托后，又重新委托了我的助理余洋律师继续辩护。后余洋律师同样申请调取讯问录音录像，还是被合议庭驳回。当事人又解除了对余洋律师的委托。

潘某案，我们经历了一年多的审判程序，判断就是如果拿不到讯问录音录像，证明不了被告人被刑讯逼供、证人被胁迫取证，未审先判的结果是无法撼动的。如果该市中院坚决不同意调取，我们和当事人的想法是，就当庭解除对律师的委托，用意在于未来在申诉中，增加再审启动的概率。

余洋律师被当庭解除委托后，潘某在法庭上陈述："既然你们早就定好罪了，我就不用请律师了，法庭随便判吧。"

因潘某在庭审中拒绝辩护，没有辩护人，重一审法院某市中院对其决定分案处理，于2022年2月22日单独开庭。

根据潘某被控的犯罪事实，潘某如没有辩护人，属于应当提供法援辩护的情形。对潘某分案审理中，该市中院为潘某指定了海南省本地的一位律师，合议庭问这位律师是否需要准备辩护的时间，律师说不需要。后这位律师只用了一天时间就结束了庭审。这位律师不用阅卷，一天开完了一桩400多本卷的涉黑大案，而我们团队6个律师，阅卷2个多月，原一审开庭用了12天。被指定法援律师后，潘某当庭拒绝这位律师的辩护，但被驳回。

重审二审中，海南省高院对潘某指定辩护的情形，评价为："一审法院给予了指定辩护人合理的准备时间，确保了指定辩护人全程参与了该案的审理。指定辩护人查阅了全部卷宗，出席了该案全部庭审活动，并发表了对该案的意见，依法行使了辩护权利。"海南省高院没有说明，指定辩护人是在多长时间内看完全部卷宗的？又是多久开完庭的？

2022 年 3 月 28 日，潘某涉黑案重审一审判决作出。该市中院维持了原一审中潘某的罪名认定，对于重审一审中检察院补充起诉的罪名，也全部认定，潘某还是被判 25 年最高刑。

继续上诉，无罪辩护。（潘某案中，39 名涉黑被告，有 25 人对重审一审判决不服提起上诉）

我被潘某重新委托，向海南省高院提起上诉，并要求二审开庭。

民事案二审以开庭为原则，刑事案二审却以不开庭为原则。刑事案涉及人的生命和自由，本案却发展为一审终审，二审几乎都是书面审理，维持一审判决。刑事案二审不开庭已成为实务中非常大的痛点。

根据《中华人民共和国刑事诉讼法》规定，二审开庭的情况有三种：其一，被告人、自诉人及其法定代理人对第一审认定的事实、证据提出异议，可能影响定罪量刑的上诉案件；其二，被告人被判死刑的上诉案件；其三，检察院抗诉的案件。

后两种情形，属于明文规定，争议在第一种情形。实践中，既然被告人或自诉人对一审提起上诉，上诉理由几乎都是对一审认定的事实、证据有异议，但二审法院也还是不开庭。原因在于"可能影响定罪量刑"的解释权在法院手里，被告人对事实和证据有再大的异议，法院不认为影响定罪量刑，那就是开不了庭。

《中华人民共和国刑事诉讼法》还规定，二审法院决定不开庭审理的，应当讯问被告人，听取其他当事人、辩护人、诉讼代理人的意见。

重审二审中，海南省高院决定对潘某案不开庭审理。其间，高院的法官给我打电话通知"二审不开庭"，让我提交辩护词。我就在电话里问："法律规定二审不开庭要听取辩护人意见，你们直接决定了，是吧？"法官说："我们不正在电话里听取你的意见吗？"我反问法官："你们这是听取吗？你们这是通知啊！"法官无话可说，匆匆挂了电话。潘某案重审二审最终书面审理，"秘密"审判。

2022 年 8 月，潘某案重审二审判决作出，除了部分被告人因罪名所涉条款发生变化，量刑微变，其他被告人均维持原判。

对于这个结果，我很遗憾，难以释怀。

举报、申诉和后续

20世纪90年代以前的潘某所在的村，是破旧不堪的瓦房、泥泞难走的乡村土路。90年代后，该村家家户户住上了新房子，村道是宽敞的柏油马路，还有新建的公共休闲娱乐设施。2012年9月以后，随着北京师范大学万宁附属中学在该村创办，该村的发展更是突飞猛进。除了承包该校食堂，有了村集体经济以外，每年村里都有几十个小孩能去该校读书，改变了该村难出大学生的局面。2013年至2018年，该村相继建设了羊栏咖啡、鹧鸪茶室、东山羊农家乐、永范花海、后塘书屋、读书文化长廊等项目，每周末都为村民准备了免费的毛笔课和象棋课。

村里这二十几年的发展，潘某在其中起到了核心作用。在该村跟政府工业征地交涉的十几年里，潘某带领村民按照集体意愿被征过一次地，就是同意北师大在该村建附属中学。在村委会的争取下，政府承诺：照顾失地村民子女就读北师大附属中学，每年照顾高中择校生10名，择校费由市财政补贴，每年照顾初中生12名；由村委会承包附属中学食堂和小卖部；预留该村60亩地发展集体经济。

潘某被判成黑社会后，该村村委会经营北师大附属中学食堂和小卖部的1300多万元收入，全部在村委会公账上，却被法院判成了潘某犯罪所得，予以没收。2022年3月，该村几百位村民联名委托我们对此案进行举报控告。后我们以该村村委会的名义写了举报信，实名控告刘某、韩某、丁某等人，举报信后有几百位村名签字、按指印。2022年5月，刘某被立案调查，2023年2月，刘某被提起公诉。

海南省高院重审二审判决作出后，潘某委托我们依法向海南省高院提起申诉。2022年12月，海南省高院驳回了潘某的申诉请求。海南省高院的驳回在我们的意料之外，想要终审法院启动再审纠正自己的错误判决，没有外界监督的情况下，基本不可能。潘某和我们的目标是向最高法申诉。拿到海南省高院驳回裁定后，我们按照法定程序，于2023年5月初向最高法第一巡回法庭提交潘某申诉状，按照规定，最高法至迟不得超过

6个月，应作出是否启动再审的决定。

在本案终笔前，我看到了黑龙江省梁某恶势力案再审宣判无罪的报道。仔细研究梁某案，发现此案与潘某案有诸多相似之处。梁某案被黑龙江省宣传为其首起恶势力犯罪案件，先抓人后取证、证据造假、二审发回重审、重审一审补充起诉、重审二审维持判决、终审法院再审申诉被驳回等，就像是另外一个潘某案。梁某等被告人向终审法院黑龙江某市中院申诉被驳回后，其依法向黑龙江省高院申诉，后经省高院裁定再审，并指令该市某区法院异地审理后，梁某等13名被告均被改判无罪。同时，参与该案调查的时任某市公安局局长邓某被双开，时任某市公安局副局长的邱某被免职，时任某市公安局某分局局长楚某被免职。

梁某案向上一级法院申诉改判无罪的案例给了我很大的信心。潘某案中，"总策划师"刘某已经落马，并在2023年被提起公诉，潘某案的更多内情也将会在刘某案中被披露。潘某案也正处于向上一级法院（最高法）申诉的过程中，我们相信正义必将会到来，真正作恶的人也必将迎来属于他们的审判。

2020年春，王发旭律师在海口市中级人民法院，与潘某等39名涉黑案中部分
被告人的辩护人合影

—— 第二部分 ——

法律适用指引

中华人民共和国刑法（摘录）^①

（1979 年 7 月 1 日第五届全国人民代表大会第二次会议通过　1997 年 3 月 14 日第八届全国人民代表大会第五次会议修订　自 1997 年 10 月 1 日起施行）

第一百五十八条【虚报注册资本罪】　申请公司登记使用虚假证明文件或者采取其他欺诈手段虚报注册资本，欺骗公司登记主管部门，取得公司登记，虚报注册资本数额巨大、后果严重或者有其他严重情节的，处三年以下有期徒刑或者拘役，并处或者单处虚报注册资本金额百分之一以上百分之五以下罚金。

单位犯前款罪的，对单位判处罚金，并对其直接负责的主管人员和其他直接责任人员，处三年以下有期徒刑或者拘役。

第一百七十五条【高利转贷罪】　以转贷牟利为目的，套取金融机构信贷资金高利转贷他人，违法所得数额较大的，处三年以下有期徒刑或者拘役，并处违法所得一倍以上五倍以下罚金；数额巨大的，处三年以上七年以下有期徒刑，并处违法所得一倍以上五倍以下罚金。

单位犯前款罪的，对单位判处罚金，并对其直接负责的主管人员和其他直接责任人员，处三年以下有期徒刑或者拘役。

第一百七十五条之一【骗取贷款、票据承兑、金融票证罪】　以欺骗手段取得银行或者其他金融机构贷款、票据承兑、信用证、保函等，给银行或者其他金融机构造成重大损失的，处三年以下有期徒刑或者拘役，并处或者单处罚金；给银行或者其他金融机构造成特别重大损失或者有其他特别严重情节的，处三年以上七年以下有期徒刑，并处罚金。

单位犯前款罪的，对单位判处罚金，并对其直接负责的主管人员和其他直接责任人员，依照前款的规定处罚。

---

①　2023 年增补本，含条文名称及罪名。

第二百二十六条 【强迫交易罪】 以暴力、威胁手段，实施下列行为之一，情节严重的，处三年以下有期徒刑或者拘役，并处或者单处罚金；情节特别严重的，处三年以上七年以下有期徒刑，并处罚金：

（一）强买强卖商品的；

（二）强迫他人提供或者接受服务的；

（三）强迫他人参与或者退出投标、拍卖的；

（四）强迫他人转让或者收购公司、企业的股份、债券或者其他资产的；

（五）强迫他人参与或者退出特定的经营活动的。

第二百三十二条 【故意杀人罪】 故意杀人的，处死刑、无期徒刑或者十年以上有期徒刑；情节较轻的，处三年以上十年以下有期徒刑。

第二百三十四条 【故意伤害罪】 故意伤害他人身体的，处三年以下有期徒刑、拘役或者管制。

犯前款罪，致人重伤的，处三年以上十年以下有期徒刑；致人死亡或者以特别残忍手段致人重伤造成严重残疾的，处十年以上有期徒刑、无期徒刑或者死刑。本法另有规定的，依照规定。

第二百三十八条 【非法拘禁罪】 非法拘禁他人或者以其他方法非法剥夺他人人身自由的，处三年以下有期徒刑、拘役、管制或者剥夺政治权利。具有殴打、侮辱情节的，从重处罚。

犯前款罪，致人重伤的，处三年以上十年以下有期徒刑；致人死亡的，处十年以上有期徒刑。使用暴力致人伤残、死亡的，依照本法第二百三十四条、第二百三十二条的规定定罪处罚。

为索取债务非法扣押、拘禁他人的，依照前两款的规定处罚。

国家机关工作人员利用职权犯前三款罪的，依照前三款的规定从重处罚。

第二百六十六条 【诈骗罪】 诈骗公私财物，数额较大的，处三年以下有期徒刑、拘役或者管制，并处或者单处罚金；数额巨大或者有其他严重情节的，处三年以上十年以下有期徒刑，并处罚金；数额特别巨大或者有其他特别严重情节的，处十年以上有期徒刑或者无期徒刑，并处罚金或者没收财产。本法另有规定的，依照规定。

第二百七十四条【敲诈勒索罪】　敲诈勒索公私财物，数额较大或者多次敲诈勒索的，处三年以下有期徒刑、拘役或者管制，并处或者单处罚金；数额巨大或者有其他严重情节的，处三年以上十年以下有期徒刑，并处罚金；数额特别巨大或者有其他特别严重情节的，处十年以上有期徒刑，并处罚金。

第二百七十七条【妨害公务罪】　以暴力、威胁方法阻碍国家机关工作人员依法执行职务的，处三年以下有期徒刑、拘役、管制或者罚金。

以暴力、威胁方法阻碍全国人民代表大会和地方各级人民代表大会代表依法执行代表职务的，依照前款的规定处罚。

在自然灾害和突发事件中，以暴力、威胁方法阻碍红十字会工作人员依法履行职责的，依照第一款的规定处罚。

故意阻碍国家安全机关、公安机关依法执行国家安全工作任务，未使用暴力、威胁方法，造成严重后果的，依照第一款的规定处罚。

第二百九十三条【寻衅滋事罪】　有下列寻衅滋事行为之一，破坏社会秩序的，处五年以下有期徒刑、拘役或者管制：

（一）随意殴打他人，情节恶劣的；

（二）追逐、拦截、辱骂、恐吓他人，情节恶劣的；

（三）强拿硬要或者任意损毁、占用公私财物，情节严重的；

（四）在公共场所起哄闹事，造成公共场所秩序严重混乱的。

纠集他人多次实施前款行为，严重破坏社会秩序的，处五年以上十年以下有期徒刑，可以并处罚金。

第二百九十四条【组织、领导、参加黑社会性质组织罪】　组织、领导黑社会性质的组织的，处七年以上有期徒刑，并处没收财产；积极参加的，处三年以上七年以下有期徒刑，可以并处罚金或者没收财产；其他参加的，处三年以下有期徒刑、拘役、管制或者剥夺政治权利，可以并处罚金。

【入境发展黑社会组织罪】　境外的黑社会组织的人员到中华人民共和国境内发展组织成员的，处三年以上十年以下有期徒刑。

【包庇、纵容黑社会性质组织罪】 国家机关工作人员包庇黑社会性质的组织，或者纵容黑社会性质的组织进行违法犯罪活动的，处五年以下有期徒刑；情节严重的，处五年以上有期徒刑。

犯前三款罪又有其他犯罪行为的，依照数罪并罚的规定处罚。

黑社会性质的组织应当同时具备以下特征：

（一）形成较稳定的犯罪组织，人数较多，有明确的组织者、领导者，骨干成员基本固定；

（二）有组织地通过违法犯罪活动或者其他手段获取经济利益，具有一定的经济实力，以支持该组织的活动；

（三）以暴力、威胁或者其他手段，有组织地多次进行违法犯罪活动，为非作恶，欺压、残害群众；

（四）通过实施违法犯罪活动，或者利用国家工作人员的包庇或者纵容，称霸一方，在一定区域或者行业内，形成非法控制或者重大影响，严重破坏经济、社会生活秩序。

第三百零七条之一【虚假诉讼罪】 以捏造的事实提起民事诉讼，妨害司法秩序或者严重侵害他人合法权益的，处三年以下有期徒刑、拘役或者管制，并处或者单处罚金；情节严重的，处三年以上七年以下有期徒刑，并处罚金。

单位犯前款罪的，对单位判处罚金，并对其直接负责的主管人员和其他直接责任人员，依照前款的规定处罚。

有第一款行为，非法占有他人财产或者逃避合法债务，又构成其他犯罪的，依照处罚较重的规定定罪从重处罚。

司法工作人员利用职权，与他人共同实施前三款行为的，从重处罚；同时构成其他犯罪的，依照处罚较重的规定定罪从重处罚。

第三百四十三条【非法采矿罪】 违反矿产资源法的规定，未取得采矿许可证擅自采矿，擅自进入国家规划矿区、对国民经济具有重要价值的矿区和他人矿区范围采矿，或者擅自开采国家规定实行保护性开采的特定矿种，情节严重的，处三年以下有期徒刑、拘役或者管制，并处或者单处罚金；情节特别严重的，处三年以上七年以下有期徒刑，并处罚金。

【破坏性采矿罪】　违反矿产资源法的规定，采取破坏性的开采方法开采矿产资源，造成矿产资源严重破坏的，处五年以下有期徒刑或者拘役，并处罚金。

第三百八十二条【贪污罪】　国家工作人员利用职务上的便利，侵吞、窃取、骗取或者以其他手段非法占有公共财物的，是贪污罪。

受国家机关、国有公司、企业、事业单位、人民团体委托管理、经营国有财产的人员，利用职务上的便利，侵吞、窃取、骗取或者以其他手段非法占有国有财物的，以贪污论。

与前两款所列人员勾结，伙同贪污的，以共犯论处。

第三百八十四条【挪用公款罪】　国家工作人员利用职务上的便利，挪用公款归个人使用，进行非法活动的，或者挪用公款数额较大、进行营利活动的，或者挪用公款数额较大、超过三个月未还的，是挪用公款罪，处五年以下有期徒刑或者拘役；情节严重的，处五年以上有期徒刑。挪用公款数额巨大不退还的，处十年以上有期徒刑或者无期徒刑。

挪用用于救灾、抢险、防汛、优抚、扶贫、移民、救济款物归个人使用的，从重处罚。

第三百八十五条【受贿罪】　国家工作人员利用职务上的便利，索取他人财物的，或者非法收受他人财物，为他人谋取利益的，是受贿罪。

国家工作人员在经济往来中，违反国家规定，收受各种名义的回扣、手续费，归个人所有的，以受贿论处。

第三百八十九条【行贿罪】　为谋取不正当利益，给予国家工作人员以财物的，是行贿罪。

在经济往来中，违反国家规定，给予国家工作人员以财物，数额较大的，或者违反国家规定，给予国家工作人员以各种名义的回扣、手续费的，以行贿论处。

因被勒索给予国家工作人员以财物，没有获得不正当利益的，不是行贿。

第三百九十五条【巨额财产来源不明罪】　国家工作人员的财产、支出明显超过合法收入，差额巨大的，可以责令该国家工作人员说明来源，不能说明来源的，差额部分以非法所得论，处五年以下有期徒刑或者拘役；差额特别巨大的，处五年以上十年以下有期徒刑。财产的差额部分予以追缴。

【隐瞒境外存款罪】　国家工作人员在境外的存款，应当依照国家规定申报。数额较大、隐瞒不报的，处二年以下有期徒刑或者拘役；情节较轻的，由其所在单位或者上级主管机关酌情给予行政处分。

第三百九十七条【滥用职权罪】【玩忽职守罪】　国家机关工作人员滥用职权或者玩忽职守，致使公共财产、国家和人民利益遭受重大损失的，处三年以下有期徒刑或者拘役；情节特别严重的，处三年以上七年以下有期徒刑。本法另有规定的，依照规定。

国家机关工作人员徇私舞弊，犯前款罪的，处五年以下有期徒刑或者拘役；情节特别严重的，处五年以上十年以下有期徒刑。本法另有规定的，依照规定。

第三百九十九条第二款【民事、行政枉法裁判罪】　在民事、行政审判活动中故意违背事实和法律作枉法裁判，情节严重的，处五年以下有期徒刑或者拘役；情节特别严重的，处五年以上十年以下有期徒刑。

最高人民法院、最高人民检察院
关于办理虚假诉讼刑事案件适用
法律若干问题的解释（摘录）

（2018 年 1 月 25 日由最高人民法院审判委员会第 1732 次会议、
2018 年 6 月 13 日最高人民检察院第十三届检察委员会第二次会议通过
法释〔2018〕17 号）

第一条　采取伪造证据、虚假陈述等手段，实施下列行为之一，捏造民事法律关系，虚构民事纠纷，向人民法院提起民事诉讼的，应当认定为刑法第三百零七条之一第一款规定的"以捏造的事实提起民事诉讼"：

（一）与夫妻一方恶意串通，捏造夫妻共同债务的；

（二）与他人恶意串通，捏造债权债务关系和以物抵债协议的；

（三）与公司、企业的法定代表人、董事、监事、经理或者其他管理人员恶意串通，捏造公司、企业债务或者担保义务的；

（四）捏造知识产权侵权关系或者不正当竞争关系的；

（五）在破产案件审理过程中申报捏造的债权的；

（六）与被执行人恶意串通，捏造债权或者对查封、扣押、冻结财产的优先权、担保物权的；

（七）单方或者与他人恶意串通，捏造身份、合同、侵权、继承等民事法律关系的其他行为。

隐瞒债务已经全部清偿的事实，向人民法院提起民事诉讼，要求他人履行债务的，以"以捏造的事实提起民事诉讼"论。

向人民法院申请执行基于捏造的事实作出的仲裁裁决、公证债权文书，或者在民事执行过程中以捏造的事实对执行标的提出异议、申请参与执行财产分配的，属于刑法第三百零七条之一第一款规定的"以捏造的事实提起民事诉讼"。

办理刑事案件庭前会议规程

（法发〔2024〕12 号）

为贯彻落实最高人民法院、最高人民检察院、公安部、国家安全部、司法部《关于推进以审判为中心的刑事诉讼制度改革的意见》，规范庭前会议程序，提高庭审质量和效率，根据法律规定，结合司法实际，制定本规程。

第一条 适用普通程序审理的刑事案件，具有下列情形之一，人民法院可以在开庭审理前召开庭前会议：

（一）证据材料较多、案情重大复杂的；

（二）控辩双方对事实、证据存在较大争议的；

（三）社会影响重大的；

（四）需要召开庭前会议的其他情形。

第二条 控辩双方可以申请人民法院召开庭前会议。申请召开庭前会议的，应当说明需要处理的事项及理由。人民法院经审查认为有必要的，应当决定召开庭前会议；决定不召开庭前会议的，应当告知申请人。

被告人及其辩护人在开庭审理前申请排除非法证据，并依照法律规定提供相关线索或者材料的，人民法院应当召开庭前会议。

第三条 庭前会议中，人民法院可以就与审判相关的问题了解情况，听取意见，依法处理管辖、回避、出庭证人名单、非法证据排除等可能导致庭审中断的事项，组织控辩双方展示证据，归纳争议焦点，开展附带民事调解。

第四条 庭前会议由审判长或者承办案件的审判员主持，合议庭其他审判员也可以主持庭前会议。

公诉人、辩护人应当参加庭前会议，检察官助理、律师助理可以协助。

根据案件情况,被告人可以参加庭前会议;被告人申请参加庭前会议或者申请排除非法证据等情形的,人民法院应当通知被告人到场;有多名被告人的案件,人民法院根据案件情况确定参加庭前会议的辩护人和被告人。

庭前会议中开展附带民事调解的,人民法院应当通知附带民事诉讼当事人及其法定代理人、诉讼代理人到场。

第五条 被告人不参加庭前会议的,辩护人一般应当在召开庭前会议前就庭前会议处理事项听取被告人意见。

第六条 庭前会议一般不公开进行。

根据案件情况,人民法院可以决定通过视频等方式召开庭前会议。

第七条 根据案件情况,庭前会议可以在开庭审理前多次召开;休庭后,可以在再次开庭前召开庭前会议。

第八条 庭前会议应当在法庭或者其他办案场所召开。被羁押的被告人参加的,可以在看守所内设置的法庭或者其他合适场所召开。

被羁押的被告人参加庭前会议的,应当有法警在场。

第九条 人民法院应当根据案件情况,综合控辩双方意见,确定庭前会议需要处理的主要事项,在召开庭前会议三日前,将会议的时间、地点、人员和事项等通知参会人员,并通知辩护人可以在召开庭前会议后三日内以书面形式提交辩护意见要点,人民法院收到书面辩护意见要点后及时将复印件送交人民检察院。通知情况应当记录在案。

第十条 庭前会议开始后,主持人应当核实参会人员情况,宣布庭前会议需要处理的事项。

有多名被告人参加庭前会议的,应当采取措施防止串供。

第十一条 庭前会议中,主持人可以就下列事项向控辩双方了解情况,听取意见:

(一)是否对案件管辖有异议;

(二)是否申请有关人员回避;

(三)是否申请不公开审理;

(四)是否申请排除非法证据;

（五）是否提供新的证据材料；

（六）是否申请重新鉴定或者勘验；

（七）是否申请调取在侦查、审查起诉期间公安机关、人民检察院收集但未随案移送的证明被告人无罪或者罪轻的证据材料；

（八）是否申请向证人或有关单位、个人收集、调取证据材料；

（九）是否申请证人、鉴定人、有专门知识的人、侦查人员或者其他人员出庭，是否对出庭人员名单有异议；

（十）是否对涉案财物的权属情况和人民检察院的处理建议有异议；

（十一）与审判相关的其他问题。

庭前会议中，人民法院可以开展附带民事调解。

对于第一款规定中可能导致庭审中断的事项，控辩双方应当就是否提出相关申请或者要求发表明确意见，人民法院可以依法作出处理，并在庭审中说明处理决定和理由。

第十二条 被告人及其辩护人对案件管辖提出异议，应当说明理由。人民法院经审查认为异议成立的，应当依法将案件退回人民检察院或者移送有管辖权的上一级人民法院审判；认为本院不宜行使管辖权的，可以请求上一级人民法院处理。人民法院经审查认为异议不成立的，应当依法驳回异议。

第十三条 被告人及其辩护人申请合议庭组成人员、法官助理、书记员、鉴定人、翻译人员回避，应当说明理由。人民法院经审查认为申请成立的，应当依法决定有关人员回避；认为申请不成立的，应当依法驳回申请。

被告人及其辩护人申请检察人员回避，属于刑事诉讼法第二十九条、第三十条规定情形的，人民检察院应当依法作出回避或者驳回申请的决定。

被告人及其辩护人申请回避被驳回的，可以在接到决定时申请复议一次。对于不属于刑事诉讼法第二十九条、第三十条规定情形的，人民法院应当驳回申请，被告人及其辩护人不得申请复议。

第十四条 控辩双方申请不公开审理，人民法院经审查认为案件涉及国家秘密或者个人隐私的，应当准许；认为案件涉及商业秘密的，可以准许。

第十五条　被告人及其辩护人在开庭审理前申请排除非法证据，并依照法律规定提供相关线索或者材料的，人民法院应当在召开庭前会议三日前将申请书及相关线索或者材料的复制件送交人民检察院。人民检察院应当在庭前会议中通过出示有关证据材料等方式，有针对性地对证据收集的合法性作出说明。人民法院可以对有关证据材料进行核实；经控辩双方申请，可以有针对性地播放讯问录音录像。必要时，可以通知侦查人员或者其他人员参加庭前会议，说明情况。

人民检察院可以撤回有关证据，撤回的证据，没有新的理由，不得在庭审中出示。被告人及其辩护人可以撤回排除非法证据的申请，撤回申请后，没有新的线索或者材料，不得再次对有关证据提出排除申请。

控辩双方在庭前会议中对证据收集的合法性未达成一致意见，人民法院对证据收集的合法性有疑问的，应当在庭审中进行调查；对证据收集的合法性没有疑问，且没有新的线索或者材料表明可能存在非法取证的，可以决定不再进行调查并说明理由。

第十六条　控辩双方申请重新鉴定或者勘验，应当说明理由。人民法院经审查认为有必要的，应当同意。

第十七条　被告人及其辩护人书面申请调取公安机关、人民检察院在侦查、审查起诉期间收集但未随案移送的证明被告人无罪或者罪轻的证据材料，并提供相关线索或者材料的，人民法院应当调取，并通知人民检察院在收到调取决定书后三日内移交。未移交的，人民检察院应当书面说明相关情况。

被告人及其辩护人申请向证人或有关单位、个人收集、调取证据材料，应当说明理由。人民法院经审查认为有关证据材料可能影响定罪量刑的，应当准许；认为有关证据材料与案件无关或者明显重复、没有必要的，可以不予准许。

第十八条　控辩双方申请证人、鉴定人、有专门知识的人、侦查人员出庭，应当说明理由。人民法院经审查认为理由成立的，应当通知有关人员出庭。

控辩双方对出庭证人、鉴定人、有专门知识的人、侦查人员的名单有异议，人民法院经审查认为异议成立的，应当依法作出处理；认为异议不成立的，应当依法驳回。

人民法院通知证人、鉴定人、有专门知识的人、侦查人员等出庭后，控辩双方应当协助有关人员到庭。

第十九条 召开庭前会议前，人民检察院应当将全部证据材料移送人民法院，被告人及其辩护人应当将收集的有关被告人不在犯罪现场、未达到刑事责任年龄、属于依法不负刑事责任的精神病人等证明被告人无罪或者依法不负刑事责任的全部证据材料提交人民法院。

人民法院收到控辩双方移送或者提交的证据材料后，应当通知对方查阅、摘抄、复制。

第二十条 庭前会议中，对于控辩双方决定在庭审中出示的证据，人民法院可以组织展示有关证据并由证据出示方简要说明证据证明内容，听取另一方的意见，梳理存在争议的证据。控辩双方不质证、不辩论。

对于控辩双方在庭前会议中没有争议的证据，庭审时举证、质证可以简化。

第二十一条 人民法院可以在庭前会议中听取控辩双方的意见，归纳控辩双方的争议焦点。对控辩双方没有争议或者达成一致意见的事项，可以在庭审中简化审理。

人民法院可以组织控辩双方协商确定庭审的举证顺序、方式等事项，明确法庭调查的方式和重点。协商不成的事项，由人民法院确定。

第二十二条 对于被告人在庭前会议前不认罪，在庭前会议中又认罪的案件，人民法院核实被告人认罪的自愿性和真实性并听取控辩双方意见，可以在庭审中简化审理。

第二十三条 人民法院在庭前会议中听取控辩双方对案件事实、证据的意见后，对于明显事实不清、证据不足的案件，可以建议人民检察院补充材料或者撤回起诉。建议撤回起诉的案件，人民检察院不同意的，开庭审理后，没有新的事实和理由，一般不准许撤回起诉。

第二十四条 庭前会议情况应当制作笔录，由参会人员核对后签名。

庭前会议结束后，人民法院应当制作庭前会议报告，说明庭前会议的基本情况、与审判相关的问题的处理结果、控辩双方的争议焦点以及就相关事项达成的一致意见等。

第二十五条　对于召开庭前会议的案件，在宣读起诉书后，法庭应当宣布庭前会议报告的主要内容。

对庭前会议处理管辖异议、申请回避、申请不公开审理等事项的，法庭可以在告知当事人诉讼权利后宣布庭前会议报告的相关内容。

有多起犯罪事实的案件，必要时可以在有关犯罪事实的法庭调查开始前，再次宣布庭前会议报告的相关内容。

第二十六条　宣布庭前会议报告后，对于控辩双方在庭前会议中达成一致意见以及人民法院依法作出处理决定的事项，法庭向控辩双方简要核实后当庭予以确认，除有正当理由外，一般不再进行处理；对于其他事项，法庭依法作出处理。

第二十七条　第二审人民法院召开庭前会议的，参照上述规定。

第二十八条　本规程自 2024 年 9 月 3 日起施行。《人民法院办理刑事案件庭前会议规程（试行）》同时废止。

关于办理刑事案件严格排除非法证据若干问题的规定（摘录）

（法发〔2017〕15 号）

第一条　严禁刑讯逼供和以威胁、引诱、欺骗以及其他非法方法收集证据，不得强迫任何人证实自己有罪。对一切案件的判处都要重证据，重调查研究，不轻信口供。

第二条　采取殴打、违法使用戒具等暴力方法或者变相肉刑的恶劣手段，使犯罪嫌疑人、被告人遭受难以忍受的痛苦而违背意愿作出的供述，应当予以排除。

第三条　采用以暴力或者严重损害本人及其近亲属合法权益等进行威胁的方法，使犯罪嫌疑人、被告人遭受难以忍受的痛苦而违背意愿作出的供述，应当予以排除。

第四条　采用非法拘禁等非法限制人身自由的方法收集的犯罪嫌疑人、被告人供述，应当予以排除。

第五条　采用刑讯逼供方法使犯罪嫌疑人、被告人作出供述，之后犯罪嫌疑人、被告人受该刑讯逼供行为影响而作出的与该供述相同的重复性供述，应当一并排除，但下列情形除外：

（一）侦查期间，根据控告、举报或者自己发现等，侦查机关确认或者不能排除以非法方法收集证据而更换侦查人员，其他侦查人员再次讯问时告知诉讼权利和认罪的法律后果，犯罪嫌疑人自愿供述的；

（二）审查逮捕、审查起诉和审判期间，检察人员、审判人员讯问时告知诉讼权利和认罪的法律后果，犯罪嫌疑人、被告人自愿供述的。

第六条　采用暴力、威胁以及非法限制人身自由等非法方法收集的证人证言、被害人陈述，应当予以排除。

第七条　收集物证、书证不符合法定程序，可能严重影响司法公正的，应当予以补正或者作出合理解释；不能补正或者作出合理解释的，对有关证据应当予以排除。

中华人民共和国人民检察院组织法（摘录）

（1979 年 7 月 1 日第五届全国人民代表大会第二次会议通过　根据 1983 年 9 月 2 日第六届全国人民代表大会常务委员会第二次会议《关于修改〈中华人民共和国人民检察院组织法〉的决定》第一次修正　根据 1986 年 12 月 2 日第六届全国人民代表大会常务委员会第十八次会议《关于修改〈中华人民共和国地方各级人民代表大会和地方各级人民政府组织法〉的决定》第二次修正　2018 年 10 月 26 日第十三届全国人民代表大会常务委员会第六次会议修订）

第二十条　人民检察院行使下列职权：

（一）依照法律规定对有关刑事案件行使侦查权；

（二）对刑事案件进行审查，批准或者决定是否逮捕犯罪嫌疑人；

（三）对刑事案件进行审查，决定是否提起公诉，对决定提起公诉的案件支持公诉；

（四）依照法律规定提起公益诉讼；

（五）对诉讼活动实行法律监督；

（六）对判决、裁定等生效法律文书的执行工作实行法律监督；

（七）对监狱、看守所的执法活动实行法律监督；

（八）法律规定的其他职权。

人民检察院讯问职务犯罪嫌疑人
实行全程同步录音录像的规定（摘录）

（2014 年 3 月 17 日最高人民检察院第十二届检察委员会第十八次会议通过）

第九条 讯问过程中，需要出示、核实或者辨认书证、物证等证据的，应当当场出示，让犯罪嫌疑人核实或者辨认，并对核实、辨认的全过程进行录音、录像。

第十一条 讯问结束后，录制人员应当立即将讯问录音、录像资料原件交给讯问人员，经讯问人员和犯罪嫌疑人签字确认后当场封存，交由检察技术部门保存。同时，复制讯问录音、录像资料存入讯问录音、录像数据管理系统，按照授权供审查决定逮捕、审查起诉以及法庭审理时审查之用。没有建立讯问录音、录像数据管理系统的，应当制作讯问录音、录像资料复制件，交办案人员保管，按照人民检察院刑事诉讼规则的有关规定移送。

讯问结束后，录制人员应当及时制作讯问录音、录像的相关说明，经讯问人员和犯罪嫌疑人签字确认后，交由检察技术部门立卷保管。

讯问录音、录像制作说明应当反映讯问的具体起止时间，参与讯问的检察人员、翻译人员及录制人员等姓名、职务、职称，犯罪嫌疑人姓名及案由，讯问地点等情况。讯问在押犯罪嫌疑人的，讯问人员应当在说明中注明提押和还押时间，由监管人员和犯罪嫌疑人签字确认。对犯罪嫌疑人拒绝签字的，应当在说明中注明。

公安机关办理刑事案件程序规定（摘录）

（2012 年 12 月 13 日公安部令第 127 号修订公布　根据 2020 年 7 月 20 日公安部令第 159 号《公安部关于修改〈公安机关办理刑事案件程序规定〉的决定》修正）

第二百六十三条　公安机关在立案后，根据侦查犯罪的需要，可以对下列严重危害社会的犯罪案件采取技术侦查措施：

（一）危害国家安全犯罪、恐怖活动犯罪、黑社会性质的组织犯罪、重大毒品犯罪案件；

……

第二百六十五条第一款　需要采取技术侦查措施的，应当制作呈请采取技术侦查措施报告书，报设区的市一级以上公安机关负责人批准，制作采取技术侦查措施决定书。

第二百七十一条第一款　为了查明案情，在必要的时候，经县级以上公安机关负责人决定，可以由侦查人员或者公安机关指定的其他人员隐匿身份实施侦查。

第二百七十二条　对涉及给付毒品等违禁品或者财物的犯罪活动，为查明参与该项犯罪的人员和犯罪事实，根据侦查需要，经县级以上公安机关负责人决定，可以实施控制下交付。

最高人民法院、最高人民检察院、公安部、司法部关于进一步深化刑事案件律师辩护全覆盖试点工作的意见

（司发通〔2022〕49 号）

各省、自治区、直辖市高级人民法院、人民检察院、公安厅（局）、司法厅（局），新疆维吾尔自治区高级人民法院生产建设兵团分院、新疆生产建设兵团人民检察院、公安局、司法局：

2017 年 10 月，最高人民法院、司法部印发《关于开展刑事案件律师辩护全覆盖试点工作的办法》，在北京等 8 个省（直辖市）开展刑事案件审判阶段律师辩护全覆盖试点工作。2018 年 12 月，最高人民法院、司法部印发通知，将试点工作扩大至全国，对于审判阶段被告人没有委托辩护人的案件，由人民法院通知法律援助机构指派律师为其提供辩护或者由值班律师提供法律帮助，切实保障被告人合法权益。试点工作开展以来，各地加强统筹部署，理顺沟通衔接机制，加强法律援助质量监管，取得了积极成效。截至目前，全国共有 2594 个县（市、区）开展了审判阶段刑事案件律师辩护全覆盖试点工作，占县级行政区域总数的 90% 以上。2021 年，各地因开展试点增加法律援助案件 32 万余件，占审判阶段刑事法律援助案件总数的 63.6%，因开展试点值班律师提供法律帮助的案件 55 万余件，刑事案件律师辩护率大幅提高，刑事案件被告人人权司法保障进一步增强。但是，各地在工作中也暴露出律师资源不均、经费保障不足、工作衔接不畅等问题，需要通过深化试点加以解决。与此同时，认罪认罚从宽制度的广泛适用，也对审查起诉阶段律师辩护和值班律师法律帮助提出了更高要求。

2022 年 1 月 1 日起，法律援助法正式施行，标志着我国法律援助事业进入了高质量发展的新阶段。法律援助法对扩大通知辩护范围、发挥值班律师法律帮助作用等作出明确规定，为深化刑事案件律师辩护全覆盖试点

工作提供了依据。为贯彻落实法律援助法，进一步加强刑事案件犯罪嫌疑人、被告人人权司法保障，现就深化刑事案件律师辩护全覆盖试点工作提出如下意见。

一、充分认识深化刑事案件律师辩护全覆盖试点工作的重大意义

1. 深化刑事案件律师辩护全覆盖试点工作，是全面贯彻习近平法治思想，落实以人民为中心发展思想的必然要求。以人民为中心是习近平法治思想的根本立场。推进全面依法治国，根本目的是依法保障人民权益。在刑事案件中，对犯罪嫌疑人、被告人权利的保障程度，不仅关系他们的切身利益，也体现了司法文明水平。深化刑事案件律师辩护全覆盖试点工作，在审判阶段全覆盖基础上，逐步把全覆盖延伸到审查起诉阶段，能更好发挥值班律师法律帮助作用，为犯罪嫌疑人、被告人提供更广泛、更深入、更有效的刑事辩护或法律帮助，让每一名犯罪嫌疑人、被告人都能在刑事诉讼中感受到公平正义。

2. 深化刑事案件律师辩护全覆盖试点工作，是贯彻落实法律援助法，不断健全完善法律援助制度的内在要求。2021 年 8 月，全国人大常委会审议通过法律援助法，这是我国法律援助事业法治化制度化发展的里程碑。法律援助法提出了新时代法律援助工作的指导思想和基本原则，扩大了法律援助范围，明确了提高法律援助质量、加强法律援助保障的具体举措，对新时代法律援助工作提出了新的更高要求。深化刑事案件律师辩护全覆盖试点工作，不仅是落实法律援助法有关规定的具体举措，也是进一步扩大刑事法律援助覆盖范围、不断健全完善法律援助制度的现实需要。

3. 深化刑事案件律师辩护全覆盖试点工作，是全面贯彻宽严相济刑事政策，精准适用认罪认罚从宽制度的重要举措。推行认罪认罚从宽制度是司法领域推动国家治理体系和治理能力现代化的重要举措，在及时有效惩治犯罪、加强人权司法保障、优化司法资源配置、提高刑事诉讼效率等方面意义重大。深化刑事案件律师辩护全覆盖试点工作，在办理认罪认罚案

件中，提高辩护律师参与率，能充分发挥辩护律师、值班律师在引导犯罪嫌疑人、被告人理解认罪认罚法律后果，就罪名认定、量刑建议、案件处理提出法律意见等方面的作用，为准确适用认罪认罚从宽制度创造积极条件。

二、巩固审判阶段刑事案件律师辩护全覆盖试点工作成效

4. 抓紧实现县域工作全覆盖。尚未实现审判阶段律师辩护全覆盖的省（自治区）司法厅要切实克服律师资源、经费保障等方面的困难，加快工作进度，尽快实现县级行政区域试点工作全覆盖，年底前基本实现审判阶段律师辩护全覆盖。

5. 从有形覆盖转向有效覆盖。各地要对照法律援助法和最高人民法院、司法部《关于扩大刑事案件律师辩护全覆盖试点范围的通知》等文件要求，及时总结审判阶段律师辩护全覆盖试点工作，找准工作中的薄弱环节，加强重要业务数据统计分析，提炼好经验好做法，充分发挥辩护律师、值班律师在审判阶段的职能作用，不断提高审判阶段律师辩护全覆盖试点工作质效。

三、开展审查起诉阶段律师辩护全覆盖试点工作

6. 确定试点区域。各司法厅（局）根据本地工作实际，商检察机关于今年11月底前确定2至3个地市（直辖市的区县）开展审查起诉阶段律师辩护全覆盖试点。已先行开展此项工作的地区，可以根据原工作方案进行。

7. 确定通知辩护范围。犯罪嫌疑人没有委托辩护人，且具有可能判处三年以上有期徒刑、本人或其共同犯罪嫌疑人拒不认罪、案情重大复杂、可能造成重大社会影响情形之一的，人民检察院应当通知法律援助机构指派律师为其提供辩护。已先行开展试点的地区，可以结合本地实际扩大通知辩护案件范围。

8. 确定工作程序。人民检察院自收到移送审查起诉的案件材料之日起三日内，应当告知犯罪嫌疑人有权委托辩护人。犯罪嫌疑人具有本意见第七条规定情形的，人民检察院应当告知其如果不委托辩护人，将通知法律援助机构指派律师为其提供辩护。犯罪嫌疑人决定不自行委托辩护人的，人民检察院应当记录在案并将通知辩护公函送交法律援助机构。通知辩护公函应当载明犯罪嫌疑人的姓名、涉嫌的罪名、羁押场所或者住所、通知辩护的理由、检察人员姓名和联系方式等。法律援助机构应当自收到通知辩护公函之日起三日内，确定承办律师并将辩护律师姓名、所属单位及联系方式函告人民检察院。

9. 辩护律师职责。辩护律师依照刑事诉讼法、律师法等规定，依法履行辩护职责。在审查起诉阶段，辩护律师应当向犯罪嫌疑人释明认罪认罚从宽的法律规定和法律后果，依法向犯罪嫌疑人提供法律咨询、程序选择建议、申请变更强制措施、提出羁押必要性审查申请等法律帮助。犯罪嫌疑人自愿认罪认罚的，辩护律师应当对刑事诉讼法第一百七十三条第二款规定的事项提出意见。法律援助机构指派的辩护律师应当自接到指派通知之日起及时阅卷、会见犯罪嫌疑人。对人民检察院拟建议适用速裁程序办理的犯罪嫌疑人认罪认罚案件，辩护律师应当在人民检察院办案期限内完成阅卷、会见。

10. 切实保障律师辩护权。人民检察院应当依法保障辩护律师会见、阅卷等诉讼权利，为辩护律师履行职责提供便利。人民检察院作出退回补充侦查、延长审查起诉期限、提起公诉、不起诉等重大程序性决定的，应当依法及时告知辩护律师，及时向辩护律师公开案件的流程信息。

11. 及时安排阅卷。辩护律师提出阅卷要求的，人民检察院应当及时安排阅卷，因工作等原因无法及时安排的，应当向辩护律师说明，并自即日起三个工作日内安排阅卷，不得限制辩护律师合理的阅卷次数和时间。有条件的地方可以设立阅卷预约平台，推行电子化阅卷，允许下载、刻录案卷材料。

12. 做好法律帮助衔接。犯罪嫌疑人没有委托辩护人的，也不属于本意见第七条规定由法律援助机构指派律师提供辩护情形的，人民检察院应当及时通知法律援助机构安排值班律师提供法律帮助。

13. 拒绝辩护处理。属于法律援助法第二十五条第一款、本意见第七条规定的应当通知辩护情形，犯罪嫌疑人拒绝法律援助机构指派的律师为其辩护的，人民检察院应当查明原因。理由正当的，应当准许，但犯罪嫌疑人必须另行委托辩护人；犯罪嫌疑人未另行委托辩护人的，应当书面通知法律援助机构另行指派律师为其提供辩护。犯罪嫌疑人拒绝法律援助机构指派的律师为其辩护，坚持自己行使辩护权，人民检察院准许的，法律援助机构应当作出终止法律援助的决定；对于有正当理由要求更换律师的，法律援助机构应当另行指派律师为其提供辩护。

四、实质发挥值班律师法律帮助作用

14. 完善值班律师派驻。人民法院、人民检察院、公安机关应当为法律援助工作站提供必要办公场所和设施，加快推进法律援助工作站建设。司法行政机关和法律援助机构应当根据当地律师资源状况、法律帮助需求灵活采用现场值班、电话值班、网络值班等多种形式，确保值班律师法律帮助全覆盖。

15. 落实权利告知。人民法院、人民检察院、公安机关应当在侦查、审查起诉、审判各阶段分别告知没有辩护人的犯罪嫌疑人、被告人有权约见值班律师获得法律帮助，并为犯罪嫌疑人、被告人约见值班律师提供便利。前一诉讼程序犯罪嫌疑人、被告人拒绝值班律师法律帮助的，后一诉讼程序的办案机关仍需告知其有权获得值班律师法律帮助，有关情况应当记录在案。

16. 及时通知值班律师。犯罪嫌疑人、被告人没有委托辩护人，法律援助机构也没有指派律师提供辩护的，犯罪嫌疑人、被告人申请约见值班律师的，人民法院、人民检察院、公安机关可以直接送达现场派驻的值班律师或即时通知电话、网络值班律师。不能直接安排或即时通知的，应当在二十四小时内将法律帮助通知书送达法律援助机构。法律援助机构应当在收到法律帮助通知书之日起两个工作日内确定值班律师，并将值班律师姓名、单位、联系方式告知办案机关。除通知值班律师到羁押场所提供法律帮助的情形外，人民检察院、人民法院可以商法律援助机构简化通知方式和通知手续。办案机关应当为值班律师与犯罪嫌疑人、被告人会见提供便利。

17. 切实保障值班律师权利。犯罪嫌疑人、被告人没有辩护人的，人民法院、人民检察院、公安机关应当在侦查、审查逮捕、审查起诉和审判阶段分别听取值班律师意见，充分发挥值班律师在各个诉讼阶段的法律帮助作用。人民法院、人民检察院、公安机关应当依法保障值班律师会见等诉讼权利。涉嫌危害国家安全犯罪、恐怖活动犯罪案件，在侦查期间，犯罪嫌疑人会见值班律师的，应当经侦查机关许可；侦查机关同意值班律师会见的，应当及时通知值班律师。值班律师会见犯罪嫌疑人、被告人时不被监听。案件移送审查起诉后，值班律师可以查阅案卷材料，了解案情，人民检察院、人民法院应当及时安排，并提供便利。已经实现卷宗电子化的地方，人民检察院、人民法院可以安排在线阅卷。对于值班律师数量有限、案件量较大的地区，值班律师可采取集中查阅案卷方式。

18. 值班律师依法履行职责。值班律师提供法律帮助应当充分了解案情，对于案情较为复杂的案件，应当在查阅案卷材料并向犯罪嫌疑人、被告人充分释明相关诉讼权利和程序规定后对案件处理提出意见。犯罪嫌疑人、被告人自愿认罪认罚的，值班律师应当结合案情向犯罪嫌疑人、被告人释明认罪认罚的性质和法律规定，对人民检察院指控的罪名、量刑建议、诉讼程序适用等提出意见，在犯罪嫌疑人签署具结书时在场。

19. 值班律师的控告申诉。值班律师在提供法律帮助过程中，认为人民法院、人民检察院、公安机关及其工作人员明显违反法律规定，阻碍其依法提供法律帮助，侵犯律师执业权利的，有权向同级或者上一级人民检察院申诉或者控告。人民检察院对申诉或者控告应当及时审查，情况属实的，通知有关机关予以纠正。

五、健全完善衔接配合机制

20. 健全协调会商机制。人民法院、人民检察院、公安机关、司法行政机关要加强协同配合，建立健全联席会议、定期会商通报等协调机制，明确刑事案件律师辩护全覆盖试点工作联络员，及时沟通工作进展情况，协调解决工作中的困难问题。

21. 建立信息共享机制。人民法院、人民检察院、公安机关、司法行政机关要及时共享重要业务数据，建立工作台账，统一统计口径，做好统计分析，加强业务指导。

22. 提高衔接效率。加强信息化建设，推动实现律师辩护全覆盖试点工作通知、指派等各项流程电子化，进一步提高工作效率，给律师开展工作留出必要充足时间，为辩护律师、值班律师履职创造积极条件。

23. 强化律师权利保障。人民法院、人民检察院、公安机关、司法行政机关要切实保障辩护律师、值班律师各项权利，不得阻碍或变相阻碍辩护律师、值班律师依法行使诉讼权利。

六、加强组织领导

24. 争取党委政府支持。各地要积极争取各级党委、政府的重视支持，主动向党委、政府汇报工作，切实落实党委、政府保障职责。

25. 解决律师资源不足问题。建立健全法律服务资源依法跨区域流动机制，鼓励和支持律师事务所、律师等到律师资源严重不足的地区服务。建立完善律师资源动态调配机制，律师资源不平衡问题突出的地方以省级司法行政机关为主统筹调配，其他地方原则上以地市司法行政机关为主统筹调配，采取对口支援等方式提高法律援助服务能力。引导和规范法律援助机构具有律师资格或者法律职业资格的工作人员、具有律师执业证书的法律援助志愿者参与刑事法律援助工作，深入挖掘刑事法律援助人员潜力，进一步充实队伍力量。加强法律援助志愿服务工作，深入开展"1+1"中国法律援助志愿者行动、"援藏律师服务团"等法律援助项目，选派法律援助志愿律师到没有律师和律师资源严重不足的地区服务。

26. 解决经费保障不足问题。人民法院、人民检察院、公安机关应当配合司法行政机关加强与财政部门沟通协调，共同推动落实法律援助法有关法律援助业务经费保障相关规定，增加法律援助办案经费，动态调整法律援助补贴标准，切实保障办案工作需要。加大中央补助地方法律援助办案专款总量，发挥好中央补助专款的示范导向作用。司法行政机关应当根据案件难易和参与案件程度，合理确定法律援助补贴标准，推行办案补贴与服务质量挂钩的差别补贴机制，提高法律援助经费使用效率。

27. 强化指导监督。各级司法行政机关律师工作部门牵头做好试点工作，统筹调配律师资源，组织引导律师积极履行法律援助义务，加强律师权利保障和执业监管。法律援助管理部门要做好相关保障工作，协调有关部门落实试点工作经费，建立完善法律援助工作异地协作机制，加强对法律援助质量的指导监督。律师协会要发挥行业协会自身优势，配合法律援助管理部门做好律师参与法律援助工作培训等工作。法律援助机构要严格依法做好受理、审查、指派律师等工作，综合运用案卷检查、征询司法机关意见等措施，督促法律援助人员提升服务质量。

最高人民检察院、公安部关于公安机关管辖的
刑事案件立案追诉标准的规定（二）（摘录）

（公通字〔2022〕12 号）

第三条〔虚报注册资本案（刑法第一百五十八条）〕 申请公司登记使用虚假证明文件或者采取其他欺诈手段虚报注册资本，欺骗公司登记主管部门，取得公司登记，涉嫌下列情形之一的，应予立案追诉：

（一）法定注册资本最低限额在六百万元以下，虚报数额占其应缴出资数额百分之六十以上的；

（二）法定注册资本最低限额超过六百万元，虚报数额占其应缴出资数额百分之三十以上的；

（三）造成投资者或者其他债权人直接经济损失累计数额在五十万元以上的；

（四）虽未达到上述数额标准，但具有下列情形之一的：

1. 二年内因虚报注册资本受过二次以上行政处罚，又虚报注册资本的；

2. 向公司登记主管人员行贿的；

3. 为进行违法活动而注册的。

（五）其他后果严重或者有其他严重情节的情形。

本条只适用于依法实行注册资本实缴登记制的公司。

第二十一条〔高利转贷案（刑法第一百七十五条）〕 以转贷牟利为目的，套取金融机构信贷资金高利转贷他人，违法所得数额在五十万元以上的，应予立案追诉。

第二十二条〔骗取贷款、票据承兑、金融票证案（刑法第一百七十五条之一）〕 以欺骗手段取得银行或者其他金融机构贷款、票据承兑、信用证、保函等，给银行或者其他金融机构造成直接经济损失数额在五十万元以上的，应予立案追诉。

最高人民检察院、公安部关于公安机关管辖的
刑事案件立案追诉标准的规定（一）（摘录）

（公通字〔2008〕36 号）

第二十八条［强迫交易案（刑法第二百二十六条）］　以暴力、威胁手段强买强卖商品、强迫他人提供服务或者强迫他人接受服务，涉嫌下列情形之一的，应予立案追诉：

（一）造成被害人轻微伤或者其他严重后果的；

（二）造成直接经济损失二千元以上的；

（三）强迫交易三次以上或者强迫三人以上交易的；

（四）强迫交易数额一万元以上，或者违法所得数额二千元以上的；

（五）强迫他人购买伪劣商品数额五千元以上，或者违法所得数额一千元以上的；

（六）其他情节严重的情形。

第六十八条［非法采矿案（刑法第三百四十三条第一款）］　违反矿产资源法的规定，未取得采矿许可证擅自采矿的，或者擅自进入国家规划矿区、对国民经济具有重要价值的矿区和他人矿区范围采矿的，或者擅自开采国家规定实行保护性开采的特定矿种，经责令停止开采后拒不停止开采，造成矿产资源破坏的价值数额在五万至十万元以上的，应予立案追诉。

具有下列情形之一的，属于本条规定的"未取得采矿许可证擅自采矿"：

（一）无采矿许可证开采矿产资源的；

（二）采矿许可证被注销、吊销后继续开采矿产资源的；

（三）超越采矿许可证规定的矿区范围开采矿产资源的；

（四）未按采矿许可证规定的矿种开采矿产资源的（共生、伴生矿种除外）；

（五）其他未取得采矿许可证开采矿产资源的情形。

在采矿许可证被依法暂扣期间擅自开采的，视为本条规定的"未取得采矿许可证擅自采矿"。

造成矿产资源破坏的价值数额，由省级以上地质矿产主管部门出具鉴定结论，经查证属实后予以认定。

最高人民法院、最高人民检察院、公安部、司法部
关于办理实施"软暴力"的刑事案件
若干问题的意见（摘录）

（2019 年 4 月 9 日发布）

二、"软暴力"违法犯罪手段通常的表现形式有：

（一）侵犯人身权利、民主权利、财产权利的手段，包括但不限于跟踪贴靠、扬言传播疾病、揭发隐私、恶意举报、诬告陷害、破坏、霸占财物等；

（二）扰乱正常生活、工作、生产、经营秩序的手段，包括但不限于非法侵入他人住宅、破坏生活设施、设置生活障碍、贴报喷字、拉挂横幅、燃放鞭炮、播放哀乐、摆放花圈、泼洒污物、断水断电、堵门阻工，以及通过驱赶从业人员、派驻人员据守等方式直接或间接地控制厂房、办公区、经营场所等；

（三）扰乱社会秩序的手段，包括但不限于摆场架势示威、聚众哄闹滋扰、拦路闹事等；

（四）其他符合本意见第一条规定的"软暴力"手段。

通过信息网络或者通讯工具实施，符合本意见第一条规定的违法犯罪手段，应当认定为"软暴力"。

六、有组织地多次短时间非法拘禁他人的，应当认定为《刑法》第二百三十八条规定的"以其他方法非法剥夺他人人身自由"。非法拘禁他人三次以上、每次持续时间在四小时以上，或者非法拘禁他人累计时间在十二小时以上的，应当以非法拘禁罪定罪处罚。

最高人民法院、最高人民检察院关于办理诈骗刑事案件具体应用法律若干问题的解释（摘录）

（2011 年 2 月 21 日由最高人民法院审判委员会第 1512 次会议、2010 年 11 月 24 日由最高人民检察院第十一届检察委员会第 49 次会议通过　自 2011 年 4 月 8 日起施行　法释〔2011〕7 号）

第一条　诈骗公私财物价值三千元至一万元以上、三万元至十万元以上、五十万元以上的，应当分别认定为刑法第二百六十六条规定的"数额较大"、"数额巨大"、"数额特别巨大"。

各省、自治区、直辖市高级人民法院、人民检察院可以结合本地区经济社会发展状况，在前款规定的数额幅度内，共同研究确定本地区执行的具体数额标准，报最高人民法院、最高人民检察院备案。

第二条　诈骗公私财物达到本解释第一条规定的数额标准，具有下列情形之一的，可以依照刑法第二百六十六条的规定酌情从严惩处：

（一）通过发送短信、拨打电话或者利用互联网、广播电视、报刊杂志等发布虚假信息，对不特定多数人实施诈骗的；

（二）诈骗救灾、抢险、防汛、优抚、扶贫、移民、救济、医疗款物的；

（三）以赈灾募捐名义实施诈骗的；

（四）诈骗残疾人、老年人或者丧失劳动能力人的财物的；

（五）造成被害人自杀、精神失常或者其他严重后果的。

诈骗数额接近本解释第一条规定的"数额巨大"、"数额特别巨大"的标准，并具有前款规定的情形之一或者属于诈骗集团首要分子的，应当分别认定为刑法第二百六十六条规定的"其他严重情节"、"其他特别严重情节"。

第三条　诈骗公私财物虽已达到本解释第一条规定的"数额较大"的标准，但具有下列情形之一，且行为人认罪、悔罪的，可以根据刑法第三十七条、刑事诉讼法第一百四十二条的规定不起诉或者免予刑事处罚：

（一）具有法定从宽处罚情节的；

（二）一审宣判前全部退赃、退赔的；

（三）没有参与分赃或者获赃较少且不是主犯的；

（四）被害人谅解的；

（五）其他情节轻微、危害不大的。

第四条　诈骗近亲属的财物，近亲属谅解的，一般可不按犯罪处理。

诈骗近亲属的财物，确有追究刑事责任必要的，具体处理也应酌情从宽。

第五条　诈骗未遂，以数额巨大的财物为诈骗目标的，或者具有其他严重情节的，应当定罪处罚。

利用发送短信、拨打电话、互联网等电信技术手段对不特定多数人实施诈骗，诈骗数额难以查证，但具有下列情形之一的，应当认定为刑法第二百六十六条规定的"其他严重情节"，以诈骗罪（未遂）定罪处罚：

（一）发送诈骗信息五千条以上的；

（二）拨打诈骗电话五百人次以上的；

（三）诈骗手段恶劣、危害严重的。

实施前款规定行为，数量达到前款第（一）、（二）项规定标准十倍以上的，或者诈骗手段特别恶劣、危害特别严重的，应当认定为刑法第二百六十六条规定的"其他特别严重情节"，以诈骗罪（未遂）定罪处罚。

第六条　诈骗既有既遂，又有未遂，分别达到不同量刑幅度的，依照处罚较重的规定处罚；达到同一量刑幅度的，以诈骗罪既遂处罚。

第七条　明知他人实施诈骗犯罪，为其提供信用卡、手机卡、通讯工具、通讯传输通道、网络技术支持、费用结算等帮助的，以共同犯罪论处。

第八条　冒充国家机关工作人员进行诈骗，同时构成诈骗罪和招摇撞骗罪的，依照处罚较重的规定定罪处罚。

第九条　案发后查封、扣押、冻结在案的诈骗财物及其孳息，权属明确的，应当发还被害人；权属不明确的，可按被骗款物占查封、扣押、冻结在案的财物及其孳息总额的比例发还被害人，但已获退赔的应予扣除。

第十条 行为人已将诈骗财物用于清偿债务或者转让给他人，具有下列情形之一的，应当依法追缴：

（一）对方明知是诈骗财物而收取的；

（二）对方无偿取得诈骗财物的；

（三）对方以明显低于市场的价格取得诈骗财物的；

（四）对方取得诈骗财物系源于非法债务或者违法犯罪活动的。

他人善意取得诈骗财物的，不予追缴。

第十一条 以前发布的司法解释与本解释不一致的，以本解释为准。

最高人民法院、最高人民检察院关于办理敲诈勒索刑事案件适用法律若干问题的解释（摘录）

（2013 年 4 月 15 日由最高人民法院审判委员会第 1575 次会议、2013 年 4 月 1 日由最高人民检察院第十二届检察委员会第 2 次会议通过 自 2013 年 4 月 27 日起施行 法释〔2013〕10 号）

第一条 敲诈勒索公私财物价值二千元至五千元以上、三万元至十万元以上、三十万元至五十万元以上的，应当分别认定为刑法第二百七十四条规定的"数额较大"、"数额巨大"、"数额特别巨大"。

各省、自治区、直辖市高级人民法院、人民检察院可以根据本地区经济发展状况和社会治安状况，在前款规定的数额幅度内，共同研究确定本地区执行的具体数额标准，报最高人民法院、最高人民检察院批准。

第二条 敲诈勒索公私财物，具有下列情形之一的，"数额较大"的标准可以按照本解释第一条规定标准的百分之五十确定：

（一）曾因敲诈勒索受过刑事处罚的；

（二）一年内曾因敲诈勒索受过行政处罚的；

（三）对未成年人、残疾人、老年人或者丧失劳动能力人敲诈勒索的；

（四）以将要实施放火、爆炸等危害公共安全犯罪或者故意杀人、绑架等严重侵犯公民人身权利犯罪相威胁敲诈勒索的；

（五）以黑恶势力名义敲诈勒索的；

（六）利用或者冒充国家机关工作人员、军人、新闻工作者等特殊身份敲诈勒索的；

（七）造成其他严重后果的。

第三条 二年内敲诈勒索三次以上的，应当认定为刑法第二百七十四条规定的"多次敲诈勒索"。

第四条 敲诈勒索公私财物，具有本解释第二条第三项至第七项规定的情形之一，数额达到本解释第一条规定的"数额巨大"、"数额特别巨大"百分之八十的，可以分别认定为刑法第二百七十四条规定的"其他严重情节"、"其他特别严重情节"。

第五条 敲诈勒索数额较大，行为人认罪、悔罪，退赃、退赔，并具有下列情形之一的，可以认定为犯罪情节轻微，不起诉或者免予刑事处罚，由有关部门依法予以行政处罚：

（一）具有法定从宽处罚情节的；

（二）没有参与分赃或者获赃较少且不是主犯的；

（三）被害人谅解的；

（四）其他情节轻微、危害不大的。

第六条 敲诈勒索近亲属的财物，获得谅解的，一般不认为是犯罪；认定为犯罪的，应当酌情从宽处理。

被害人对敲诈勒索的发生存在过错的，根据被害人过错程度和案件其他情况，可以对行为人酌情从宽处理；情节显著轻微危害不大的，不认为是犯罪。

第七条 明知他人实施敲诈勒索犯罪，为其提供信用卡、手机卡、通讯工具、通讯传输通道、网络技术支持等帮助的，以共同犯罪论处。

第八条 对犯敲诈勒索罪的被告人，应当在二千元以上、敲诈勒索数额的二倍以下判处罚金；被告人没有获得财物的，应当在二千元以上十万元以下判处罚金。

第九条 本解释公布施行后，《最高人民法院关于敲诈勒索罪数额认定标准问题的规定》（法释〔2000〕11号）同时废止；此前发布的司法解释与本解释不一致的，以本解释为准。

最高人民法院、最高人民检察院关于办理寻衅滋事刑事案件适用法律若干问题的解释（摘录）

（2013 年 5 月 27 日由最高人民法院审判委员会第 1579 次会议、2013 年 4 月 28 日由最高人民检察院第十二届检察委员会第 5 次会议通过　自 2013 年 7 月 22 日起施行　法释〔2013〕18 号）

第一条　行为人为寻求刺激、发泄情绪、逞强耍横等，无事生非，实施刑法第二百九十三条规定的行为的，应当认定为"寻衅滋事"。

行为人因日常生活中的偶发矛盾纠纷，借故生非，实施刑法第二百九十三条规定的行为的，应当认定为"寻衅滋事"，但矛盾系由被害人故意引发或者被害人对矛盾激化负有主要责任的除外。

行为人因婚恋、家庭、邻里、债务等纠纷，实施殴打、辱骂、恐吓他人或者损毁、占用他人财物等行为的，一般不认定为"寻衅滋事"，但经有关部门批评制止或者处理处罚后，继续实施前列行为，破坏社会秩序的除外。

第二条　随意殴打他人，破坏社会秩序，具有下列情形之一的，应当认定为刑法第二百九十三条第一款第一项规定的"情节恶劣"：

（一）致一人以上轻伤或者二人以上轻微伤的；

（二）引起他人精神失常、自杀等严重后果的；

（三）多次随意殴打他人的；

（四）持凶器随意殴打他人的；

（五）随意殴打精神病人、残疾人、流浪乞讨人员、老年人、孕妇、未成年人，造成恶劣社会影响的；

（六）在公共场所随意殴打他人，造成公共场所秩序严重混乱的；

（七）其他情节恶劣的情形。

第三条　追逐、拦截、辱骂、恐吓他人，破坏社会秩序，具有下列情形之一的，应当认定为刑法第二百九十三条第一款第二项规定的"情节恶劣"：

（一）多次追逐、拦截、辱骂、恐吓他人，造成恶劣社会影响的；

（二）持凶器追逐、拦截、辱骂、恐吓他人的；

（三）追逐、拦截、辱骂、恐吓精神病人、残疾人、流浪乞讨人员、老年人、孕妇、未成年人，造成恶劣社会影响的；

（四）引起他人精神失常、自杀等严重后果的；

（五）严重影响他人的工作、生活、生产、经营的；

（六）其他情节恶劣的情形。

第四条 强拿硬要或者任意损毁、占用公私财物，破坏社会秩序，具有下列情形之一的，应当认定为刑法第二百九十三条第一款第三项规定的"情节严重"：

（一）强拿硬要公私财物价值一千元以上，或者任意损毁、占用公私财物价值二千元以上的；

（二）多次强拿硬要或者任意损毁、占用公私财物，造成恶劣社会影响的；

（三）强拿硬要或者任意损毁、占用精神病人、残疾人、流浪乞讨人员、老年人、孕妇、未成年人的财物，造成恶劣社会影响的；

（四）引起他人精神失常、自杀等严重后果的；

（五）严重影响他人的工作、生活、生产、经营的；

（六）其他情节严重的情形。

第五条 在车站、码头、机场、医院、商场、公园、影剧院、展览会、运动场或者其他公共场所起哄闹事，应当根据公共场所的性质、公共活动的重要程度、公共场所的人数、起哄闹事的时间、公共场所受影响的范围与程度等因素，综合判断是否"造成公共场所秩序严重混乱"。

第六条 纠集他人三次以上实施寻衅滋事犯罪，未经处理的，应当依照刑法第二百九十三条第二款的规定处罚。

第七条 实施寻衅滋事行为，同时符合寻衅滋事罪和故意杀人罪、故意伤害罪、故意毁坏财物罪、敲诈勒索罪、抢夺罪、抢劫罪等罪的构成要件的，依照处罚较重的犯罪定罪处罚。

第八条 行为人认罪、悔罪，积极赔偿被害人损失或者取得被害人谅解的，可以从轻处罚；犯罪情节轻微的，可以不起诉或者免予刑事处罚。

最高人民法院关于审理黑社会性质组织犯罪的
案件具体应用法律若干问题的解释（摘录）

（2000 年 12 月 4 日由最高人民法院审判委员会第 1148 次会议通过　自 2000 年 12 月 10 日起施行　法释〔2000〕42 号）

第一条　刑法第二百九十四条规定的"黑社会性质的组织"，一般应具备以下特征：

（一）组织结构比较紧密，人数较多，有比较明确的组织者、领导者，骨干成员基本固定，有较为严格的组织纪律；

（二）通过违法犯罪活动或者其他手段获取经济利益，具有一定的经济实力；

（三）通过贿赂、威胁等手段，引诱、逼迫国家工作人员参加黑社会性质组织活动，或者为其提供非法保护；

（四）在一定区域或者行业范围内，以暴力、威胁、滋扰等手段，大肆进行敲诈勒索、欺行霸市、聚众斗殴、寻衅滋事、故意伤害等违法犯罪活动，严重破坏经济、社会生活秩序。

第二条　刑法第二百九十四条第二款规定的"发展组织成员"，是指将境内、外人员吸收为该黑社会组织成员的行为。对黑社会组织成员进行内部调整等行为，可视为"发展组织成员"。

港、澳、台黑社会组织到内地发展组织成员的，适用刑法第二百九十四条第二款的规定定罪处罚。

第三条　组织、领导、参加黑社会性质的组织又有其他犯罪行为的，根据刑法第二百九十四条第三款的规定，依照数罪并罚的规定处罚；对于黑社会性质组织的组织者、领导者，应当按照其所组织、领导的黑社会性质组织所犯的全部罪行处罚；对于黑社会性质组织的参加者，应当按照其所参与的犯罪处罚。

对于参加黑社会性质的组织，没有实施其他违法犯罪活动的，或者受蒙蔽、胁迫参加黑社会性质的组织，情节轻微的，可以不作为犯罪处理。

第四条 国家机关工作人员组织、领导、参加黑社会性质组织的，从重处罚。

第五条 刑法第二百九十四条第四款规定的"包庇"，是指国家机关工作人员为使黑社会性质组织及其成员逃避查禁，而通风报信，隐匿、毁灭、伪造证据，阻止他人作证、检举揭发，指使他人作伪证，帮助逃匿，或者阻挠其他国家机关工作人员依法查禁等行为。

刑法第二百九十四条第四款规定的"纵容"，是指国家机关工作人员不依法履行职责，放纵黑社会性质组织进行违法犯罪活动的行为。

第六条 国家机关工作人员包庇、纵容黑社会性质的组织，有下列情形之一的，属于刑法第二百九十四条第四款规定的"情节严重"：

（一）包庇、纵容黑社会性质组织跨境实施违法犯罪活动的；

（二）包庇、纵容境外黑社会组织在境内实施违法犯罪活动的；

（三）多次实施包庇、纵容行为的；

（四）致使某一区域或者行业的经济、社会生活秩序遭受黑社会性质组织特别严重破坏的；

（五）致使黑社会性质组织的组织者、领导者逃匿，或者致使对黑社会性质组织的查禁工作严重受阻的；

（六）具有其他严重情节的。

第七条 对黑社会性质组织和组织、领导、参加黑社会性质组织的犯罪分子聚敛的财物及其收益，以及用于犯罪的工具等，应当依法追缴、没收。

最高人民法院、最高人民检察院关于办理贪污贿赂
刑事案件适用法律若干问题的解释（摘录）

（2016 年 3 月 28 日由最高人民法院审判委员会第 1680 次会议、2016 年 3 月 25 日由最高人民检察院第十二届检察委员会第 50 次会议通过 自 2016 年 4 月 18 日起施行 法释〔2016〕9 号）

第一条 贪污或者受贿数额在三万元以上不满二十万元的，应当认定为刑法第三百八十三条第一款规定的"数额较大"，依法判处三年以下有期徒刑或者拘役，并处罚金。

贪污数额在一万元以上不满三万元，具有下列情形之一的，应当认定为刑法第三百八十三条第一款规定的"其他较重情节"，依法判处三年以下有期徒刑或者拘役，并处罚金：

（一）贪污救灾、抢险、防汛、优抚、扶贫、移民、救济、防疫、社会捐助等特定款物的；

（二）曾因贪污、受贿、挪用公款受过党纪、行政处分的；

（三）曾因故意犯罪受过刑事追究的；

（四）赃款赃物用于非法活动的；

（五）拒不交待赃款赃物去向或者拒不配合追缴工作，致使无法追缴的；

（六）造成恶劣影响或者其他严重后果的。

受贿数额在一万元以上不满三万元，具有前款第二项至第六项规定的情形之一，或者具有下列情形之一的，应当认定为刑法第三百八十三条第一款规定的"其他较重情节"，依法判处三年以下有期徒刑或者拘役，并处罚金：

（一）多次索贿的；

（二）为他人谋取不正当利益，致使公共财产、国家和人民利益遭受损失的；

（三）为他人谋取职务提拔、调整的。

第二条 贪污或者受贿数额在二十万元以上不满三百万元的，应当认定为刑法第三百八十三条第一款规定的"数额巨大"，依法判处三年以上十年以下有期徒刑，并处罚金或者没收财产。

贪污数额在十万元以上不满二十万元，具有本解释第一条第二款规定的情形之一的，应当认定为刑法第三百八十三条第一款规定的"其他严重情节"，依法判处三年以上十年以下有期徒刑，并处罚金或者没收财产。

受贿数额在十万元以上不满二十万元，具有本解释第一条第三款规定的情形之一的，应当认定为刑法第三百八十三条第一款规定的"其他严重情节"，依法判处三年以上十年以下有期徒刑，并处罚金或者没收财产。

第三条 贪污或者受贿数额在三百万元以上的，应当认定为刑法第三百八十三条第一款规定的"数额特别巨大"，依法判处十年以上有期徒刑、无期徒刑或者死刑，并处罚金或者没收财产。

贪污数额在一百五十万元以上不满三百万元，具有本解释第一条第二款规定的情形之一的，应当认定为刑法第三百八十三条第一款规定的"其他特别严重情节"，依法判处十年以上有期徒刑、无期徒刑或者死刑，并处罚金或者没收财产。

受贿数额在一百五十万元以上不满三百万元，具有本解释第一条第三款规定的情形之一的，应当认定为刑法第三百八十三条第一款规定的"其他特别严重情节"，依法判处十年以上有期徒刑、无期徒刑或者死刑，并处罚金或者没收财产。

第四条 贪污、受贿数额特别巨大，犯罪情节特别严重、社会影响特别恶劣、给国家和人民利益造成特别重大损失的，可以判处死刑。

符合前款规定的情形，但具有自首，立功，如实供述自己罪行、真诚悔罪、积极退赃，或者避免、减少损害结果的发生等情节，不是必须立即执行的，可以判处死刑缓期二年执行。

符合第一款规定情形的，根据犯罪情节等情况可以判处死刑缓期二年执行，同时裁判决定在其死刑缓期执行二年期满依法减为无期徒刑后，终身监禁，不得减刑、假释。

第十六条第一款　国家工作人员出于贪污、受贿的故意，非法占有公共财物、收受他人财物之后，将赃款赃物用于单位公务支出或者社会捐赠的，不影响贪污罪、受贿罪的认定，但量刑时可以酌情考虑。

第十八条　贪污贿赂犯罪分子违法所得的一切财物，应当依照刑法第六十四条的规定予以追缴或者责令退赔，对被害人的合法财产应当及时返还。对尚未追缴到案或者尚未足额退赔的违法所得，应当继续追缴或者责令退赔。

第十九条　对贪污罪、受贿罪判处三年以下有期徒刑或者拘役的，应当并处十万元以上五十万元以下的罚金；判处三年以上十年以下有期徒刑的，应当并处二十万元以上犯罪数额二倍以下的罚金或者没收财产；判处十年以上有期徒刑或者无期徒刑的，应当并处五十万元以上犯罪数额二倍以下的罚金或者没收财产。

对刑法规定并处罚金的其他贪污贿赂犯罪，应当在十万元以上犯罪数额二倍以下判处罚金。

第二十条　本解释自 2016 年 4 月 18 日起施行。最高人民法院、最高人民检察院此前发布的司法解释与本解释不一致的，以本解释为准。

最高人民法院、最高人民检察院关于办理渎职
刑事案件适用法律若干问题的解释（一）（摘录）

(2012 年 7 月 9 日由最高人民法院审判委员会第 1552 次会议、2012 年 9 月 12 日由最高人民检察院第十一届检察委员会第 79 次会议通过　自 2013 年 1 月 9 日起施行　法释〔2012〕18 号)

第一条　国家机关工作人员滥用职权或者玩忽职守，具有下列情形之一的，应当认定为刑法第三百九十七条规定的"致使公共财产、国家和人民利益遭受重大损失"：

（一）造成死亡 1 人以上，或者重伤 3 人以上，或者轻伤 9 人以上，或者重伤 2 人、轻伤 3 人以上，或者重伤 1 人、轻伤 6 人以上的；

（二）造成经济损失 30 万元以上的；

（三）造成恶劣社会影响的；

（四）其他致使公共财产、国家和人民利益遭受重大损失的情形。

具有下列情形之一的，应当认定为刑法第三百九十七条规定的"情节特别严重"：

（一）造成伤亡达到前款第（一）项规定人数 3 倍以上的；

（二）造成经济损失 150 万元以上的；

（三）造成前款规定的损失后果，不报、迟报、谎报或者授意、指使、强令他人不报、迟报、谎报事故情况，致使损失后果持续、扩大或者抢救工作延误的；

（四）造成特别恶劣社会影响的；

（五）其他特别严重的情节。

第二条　国家机关工作人员实施滥用职权或者玩忽职守犯罪行为，触犯刑法分则第九章第三百九十八条至第四百一十九条规定的，依照该规定定罪处罚。

国家机关工作人员滥用职权或者玩忽职守，因不具备徇私舞弊等情

形，不符合刑法分则第九章第三百九十八条至第四百一十九条的规定，但依法构成第三百九十七条规定的犯罪的，以滥用职权罪或者玩忽职守罪定罪处罚。

第三条　国家机关工作人员实施渎职犯罪并收受贿赂，同时构成受贿罪的，除刑法另有规定外，以渎职犯罪和受贿罪数罪并罚。

第四条　国家机关工作人员实施渎职行为，放纵他人犯罪或者帮助他人逃避刑事处罚，构成犯罪的，依照渎职罪的规定定罪处罚。

国家机关工作人员与他人共谋，利用其职务行为帮助他人实施其他犯罪行为，同时构成渎职犯罪和共谋实施的其他犯罪共犯的，依照处罚较重的规定定罪处罚。

国家机关工作人员与他人共谋，既利用其职务行为帮助他人实施其他犯罪，又以非职务行为与他人共同实施该其他犯罪行为，同时构成渎职犯罪和其他犯罪的共犯的，依照数罪并罚的规定定罪处罚。

第五条　国家机关负责人员违法决定，或者指使、授意、强令其他国家机关工作人员违法履行职务或者不履行职务，构成刑法分则第九章规定的渎职犯罪的，应当依法追究刑事责任。

以"集体研究"形式实施的渎职犯罪，应当依照刑法分则第九章的规定追究国家机关负有责任的人员的刑事责任。对于具体执行人员，应当在综合认定其行为性质、是否提出反对意见、危害结果大小等情节的基础上决定是否追究刑事责任和应当判处的刑罚。

第六条　以危害结果为条件的渎职犯罪的追诉期限，从危害结果发生之日起计算；有数个危害结果的，从最后一个危害结果发生之日起计算。

第七条　依法或者受委托行使国家行政管理职权的公司、企业、事业单位的工作人员，在行使行政管理职权时滥用职权或者玩忽职守，构成犯罪的，应当依照《全国人民代表大会常务委员会关于〈中华人民共和国刑法〉第九章渎职罪主体适用问题的解释》的规定，适用渎职罪的规定追究刑事责任。